그 숲길에 관한 짧은 기억

그 숲길에 관한 짧은 기억

처음 펴낸날 2014년 1월 6일

지은이 유용주
빛그림 전재원 김기돈
기획 김기돈
편집 정은영 이다영
교정 심정혜
디자인 박시남
박음터 평화당
펴낸이 윤경은
펴냄터 작은것이 아름답다
나라에서 내어준 이름피 문화 라 09294
터이름 서울 성북구 성북로 19길 15 (우-136-821)
소리통 02-744-9074~5 글통 02-745-9074
전자우편 jaga@greenkorea.org 누리방 www.jaga.or.kr

값 12,000원
ISBN 978-89-963600-2-5 03810

씨앗을 품은 책, 나무를 꿈꾸는 월간지 작은것이 아름답다

이 도서의 국립중앙도서관 출판시도서목록(CIP)은 서지정보유통지원시스템 누리방(http://seoji.nl.go.kr)과 국가자료공동목록시스템(http://www.nl.go.kr/kolisnet)에서 이용하실 수 있습니다. (CIP제어번호: CIP2013028381)

 표지는 사용후고지 100퍼센트 갱판지 280그램, 대한제지 하이벌크 80그램, 내지는 하이벌크 70그램으로 지구 숲을 살리는 재생종이에 인쇄했습니다.

그 숲길에 관한 짧은 기억

유용주 시문집

작은것이 아름답다

지 / 은 / 이 / 여 / 는 / 말

오랜 세월을 돌고 돌아 다시 겨울이 왔군요.
속울음 삼키면서 걸었던 기억들을 그대에게 부칩니다.
모든 것을 잃고 난 뒤에도 그저 걸었습니다.
낮게 엎드려서 견디는 일 말고는
아무런 대책이 없었거든요.

걷다가, 세상의 길가에 넘어져 피 흘리고 있는
모든 분들께 이 책을 바칩니다.

2013년 초겨울 금강 발원지 아래에서
유용주

추 / 천 / 하 / 는 / 말

바람이 나뭇가지를 스치며 내는 소리처럼
자연스럽고 자유롭다

예수 말씀하시기를, 사람이 밥만 먹고는 살 수 없다고 하느님 입에서 나오는 말씀을 먹어야 산다고 하셨다. 아마도 사람이면 하늘에서 내리는 말씀을 먹어야 사람답게 살 수 있다는 뜻으로 하신 말씀이겠다. 사람으로 태어났으니 사람답게 사는 거야 지극히 당연한 일이라 하겠지만 현실에서는 그게 그렇지 않다는 것쯤 우리 모두 알고 있다.
스스로 "나는 쓰는 놈이다. … 쓰기 위해 먹고, 쓰기 위해 자고, 쓰기 위해 똥 싸고, 쓰기 위해 세상을 읽는다."라고 말하는 유용주의 글이야말로 내 눈에는, 이른바 '유명작가'라는 이름으로 행세하는 분들이 무슨 놈의 기교를 부린답시고 이리 비틀고 저리 꼬면서 요상한 한국어로 세상을 어질러놓는 요즘 시절에 고맙게도 하늘이 내린 순수말씀이다.
우선은 아무런 꾸밈이 없고 남의 말을 빌리는 '인용'이 없고 무엇보다도 누구를 설득하지 않는다. 그냥 바람이 나뭇가지를 스치며 내는 소리처럼, 나팔꽃 잎에 듣는 이슬방울처럼, 자연스럽고 게다가 자유롭다.

놀라운 일이다, 이런 문장을 낳다니. 이상(李霜)과 김유정(金裕貞)이 몸을 겹쳐서 환생하여 중얼거리고 지분대고 킬킬거리고 괜히 시무룩해지기도 하고 그러면서 놀고 있는 것 같다. 이를테면,
"봄비 오신다. 단비 오신다. 단비 털 고르듯 오신다. 청소하러 오신다. 정갈한 빗질이다. 가르마 타듯 길이 뿌옇게 드러난다. 참빗질하신다. 서캐 떨어지듯 꽃잎 떨어진다. 투닥투닥 벌레들이 다툰다. 바람형제들은 오랜만에 숲속에서 숨어 엿본다. 한 숨 푹 자도 되겠군. 나무들은 입을 한껏 벌리고 혀를 내민다. 풀은 선잠을 깨고 땅은 열에 들떠 뒤척인다. 강은 소름이 돋았다. 바다는 묵묵부답이다."
또는, 길가에 죽어있는 고양이를 보면서 다음과 같은 문장,
"…깊은 잠이다. 업어 가도 모르겠다. 송곳으로 찔러도 꿈쩍 않겠다. 바람이 불면 털은 얼마나 섬세하게 흔들리는지 세상에 있는 모든 평화가 저 고양이 몸에 깃들여 있지 않을까 할 정도이다."
게다가 유용주의 글은 무심으로 걷는 발걸음이 바탕에 깔

려 있다. 하지만 걸으면서 세상을 구경만 하는 게 아니다. 그 눈길이 마침내 땅을 건너 하늘을 넘어 인간의 말에는 담기지 않는 어떤 궁극을 향한다.

"논과 밭을 지나 숲길을 걸었다. 숲이 끝나는 자리에는 갈대 무성한 개천이 있고 강둑을 벗어나면 드넓은 간척지가 나타난다. 담수호의 주인들은 철새들이다. 철조망이 필요 없는 구역을 그들은 넘나든다. 새는 수직을 수평으로, 직선을 곡선으로 만드는 유일한 짐승이다. 방조제 너머는 바다이다. 바다는 수평이 지칠 대로 지친 곳에서 시작된다. 시간은 한 귀퉁이 휘어진 수평을 물고 넘실거린다. 거기 가면 비로소 지구가 둥글다는 것을 몸으로 느낄 수 있다. 모든 직선은 곡선을 지향하고 궁극에는 원으로 돌아간다. 원은 궁극이다. 핵이다, 구멍이다, 열반이다, 해탈이다, 멸이다."

이 책은 온통 이런 '말씀'들로 충만하다. 그러니 아무리 기운찬 독자라도 이 책을 단숨에 읽진 못할 것이다. 혹시 누가 단숨에 읽었다면 그건 하느님한테 실례를 범한 것이다.

— 이현주 (목사)

추/천/하/는/말

처절하게 자신에게 묻는 한 글쟁이의 고백

도시인에게 자연은 찬미의 대상이거나 잠시 시간을 내어 기분전환을 하는 곳 쯤으로 인식된다. 그러나 삶의 터전이 자연으로 바뀌면 사정이 달라진다. 엄혹한 생존의 문제가 마냥 찬미할 수만은 없게 만든다. 그럼에도 자연은 아름답다. 이 글은 인간세와 자연 사이에서 자신이 무엇인지 처절하게 물어보는 한 글쟁이의 고백이다. 그 몸부림이 고스란히 '문학'이 되어 우리에게 말한다. "봐라, 이렇게 쓰는 거다!"

— 바우 황대권 (생태운동가)

추/천/하/는/말

그 박연폭포의 문체

겸재는 폭포를 많이 그렸다. 구룡폭포, 고사관폭포, 삼부연폭포, 박연폭포, 아~ 박연폭포를 보았을 때 밀려오고 관통하던 느낌이라니.
그 곧은 수직의 정신이 시원하고 통렬하고 장쾌했다. 누군가 질질거리는 오줌발을 떠올리며 쓴 웃음을 지었을 것이다. 쏟아지며 내리 꽂는 폭포소리에 불끈 주먹을 쥐었으리라. 아쩔한 쾌감에 몸을 떨며 온 몸에 화끈 소름이 돋았을 것이다.
유용주를 만난 기억이 생생하다. 후배의 첫 출판기념식에 갔을 때였다. 기념식이 끝나고 뒤풀이 장소로 이동하기 위해 엘리베이터 앞에 서있었다. 굵고 우렁찬 사내의 목소리가 돌아선 등을 찍어왔다.
'야 인사들 해, ~에서 ~~라는 시집을 낸 ~~이셔'
나는 어쩔 수 없이 뒤를 돌아보며 인사를 나누었는데 정작 인사를 권한 사내는 옆 벽에 등을 대고 얼굴을 보여주지 않았다. 내가 머뭇거리자 그때서야 돌아서며 이름을 밝혔다. 나는 유용주라는 이름을 듣자마자 대뜸 그를 향해 손을 들고 삿대질처럼 가리켰다.

'아 그 목수시인…'
우리는 그렇게 만났다. 1박2일은 차라리 세발의 피 정도였다. 차를 마시듯 다반사였다. 우리는 얼마나 많은 소주병을 빙빙 돌려세우며 술집 탁자를 채우고 여관방 머리맡을 채웠는가. 검은 머리의 사내들은 이제 잔주름의 얼굴과 윤기를 잃은 은발이 어울린다. 벌써 20여 년이 흘렀다.
'그 숲길에 관한 짧은 기억'은 그가 세상이라는 숲을 건너며 써내려간 한 그루 나무의 이야기다. 그 나무, 비바람과 눈보라의 시간 앞에 쓰러지고 부러지며 다시 일어나 꼿꼿하게 가지를 드리운 사람의 아름다운 노래다. 고향마을 옛터에 집을 짓고 겸손하게 엎드린 시인의 고해성사다. 기도다. 잠언이다.
겸재의 폭포를 떠올렸다. 박연폭포의 힘찬 굉음에, 튀어오르며 퍼져가는 물보라에 몸이 젖는다. 무릎을 친다. 그래 유용주다. 모름지기 사나이의 글이 역발산기개세, 박연폭포의 필력은 되어야지.

— 박남준 (시인)

버 / 리

다시, 눈꽃 겨울 … 15

속수무책 봄 … 31

초록화살 여름 … 47

아름 앓이 가을 … 61

걷다, 상처 난 길 … 75

나무 … 97

그곳에 뜬 낮달 … 107

그날 새벽 … 123

익숙한 동행 … 143

쓰디 쓴 문학 … 159

서툰 삶 … 173

다시, 눈꽃 겨울

내가 가장 좋아하는 겨울이다. 바깥의 모든 문을 닫고 안의 문을 열어라. 그리하여 진정한 바깥을 내다보리라.

/

살얼음 살짝 얼었다. 살짝 얼었다고 살얼음, 살얼음은 살이 살짝 얼었다고 살얼음이다. 살 바깥은 공기이고 살 안쪽은 물이다. 물의 혈관이 보이고 물의 마알간 뼈와 내장이 보인다. 꽃은 그 안쪽에서 꽃대를 밀고 올라온다.

/

지고 살아야 한다. 낙엽이 떨어지고 홍시가 떨어지고 고구마 잎도 모지라졌다. 콩바심이 끝난 밭에서 산비둘기 오종종거린다. 벼바심이 끝난 논은 텅 비었구나. 주야장천 술바심만 하는 사내 가슴 닮았구나. 수로 쪽으로 맑은 물이 고여 있다. 전봇대가 간신히 붙들고 있는 하늘, 우렁이는 겨울을 어떻게 나는가. 미꾸라지는 드렁허리는 추운 겨울 어디서 잠을 자는가.

비 온 다음 겨울숲에 들어서자 비로소 숨통이 트인다. 비누냄새가 싸아 하니 깔리고 갑자기 까치 한 마리가 푸드덕 날아올랐다. 까치의 날갯짓이 나무의 피부를 말리는가 싶더니 금방 잦아든다. 숲은 다시 깊은 정적에 빠져든다. 나무를 덮은 낙엽이불에도 비누냄새는 폴폴 새어나왔다. 코피를 흘리고 싶은 날, 우우우 짐승처럼 울부짖고 싶은 날.

/

소설(小雪)에 소설처럼 눈이 내리더니 햇빛이 들면서 녹기 시작했다. 왜 깨끗한 것은, 깨끗한 것의 뒷모습은 저렇게도 지저분할까. 질척한 거리를 흙탕물을 튀기면서 차가 지나간다. 소나무만 청정하다.

지독한 폭설이다. 눈(雪)에 눈(眼)을 비추어보면 눈이 얼마나 흐려졌는지 금방 표시가 난다. 눈길에 걸어간 사람의 발자국을 들여다보면 한 사람의 생애가 고스란히 적혀 나온다. 눈보라 속 허허벌판을 건너기 위해서는 몸을 구부리거나 가볍게 해야 한다. 날아가는 저 새를 보아라. 무거운 몸으로는 이 겨울을 날 수 없다.

ⓒ김기돈

눈,
고체이자 액체인
천상의 춤이자 지하의 술인
눈물이자 웃음인
천사이자 악마인
빛이자 어둠인
구속이자 용서인
막힘이자 흐름인
겨울이자 봄인
그림자이자 바람인
실체이자 연기인
죽음이자 탄생인

눈 그치고 바람 사납다. 소나무가 흔들리고 느티나무 열매도 흔들리고 진주 꽃농원 너머 갈대와 참나무가 흔들린다. 나무는 봄이 오기도 전에 많이 울고 싶은 모양이다. 많이 웃는 것은 많이 고통스럽기 때문이다. 밥과 똥을 이겨 벽화그릴 때까지 썩지 않으려고 얼마나 발버둥쳤던가. 끝까지 매달려 있으려고 얼마나 애를 썼던가.

/

올 겨울은 눈이 흔하다. 내 어릴 적 다리골에서 만났던 눈만큼이나 크고 소리 없는 눈이, 그때처럼 쌓이고 쌓였다. 눈이 오는 날 밤은 조용하다. 눈은 공기의 예민함을 누그러뜨리고 공기의 흐름을 차단하고 내리기 때문에 조용하다. 먼 마을에 잠든 사람들 숨소리가 들리는 듯하다. 길과 들판과 산이 깊은 잠에 빠져들었다. 이대로 한 오백년 눈이 내렸으면, 이대로 얼어붙어 모든 생명이 죽고 난 뒤 한 천년 세월이 흐른 다음 다시 깨어났으면 좋겠다. 깨끗하게 맨 처음부터 다시 시작했으면 좋겠다.

올 겨울 들어 가장 추운 날. 극도로 맑은 공기에서만 맡을 수 있는 별 냄새 가득하다. 하늘에는 꽃배가 둥둥 떠다닌다. 꽃배에서 사금파리 그물을 던진다. 그물을 빠져나온 작은 물고기들이 겨울잠을 자는 곳에 사내 세 명이 나타났다. 전통 방식이다. 큰 돌을 지렛대로 흔들고 그 밑에서는 족대를 치고 기다린다. 길이가 한 1.5미터 정도 되는 철지팡이로 바위로 흔들면 아직 잠이 덜 깬 고기들이 눈 비비고 나온다. 물고기들은 저 사내들 장화 속 발가락 닮았다. 강바람에 떨어져 나간 귀뿔때기 닮았다. 투덜거리며 잠투정하는 어리숙한 물고기 몇 마리 걸려들면 무 뻬져 넣고, 고춧가루 고추장 풀고 반달 같은 수제비 띄워 어죽 한번 맛나게 끓이겠다. 소주 한잔의 힘, 그게 강원도의 맛이겠지. 추운 곳에서만 볼 수 있는 옛날 그림 한 장. 아아, 그리운 저 풍경.

꽝꽝 얼어붙었다. 바람은 바늘 끝이 되어 찌른다. 나무들은 수직으로 버틴다. 강 건너 46번국도 확장 공사 깎아지른 절개지 위에 상여가 놓였다. 삼베옷을 입은 상주들과 포크레인과 검정 옷을 입은 사람들이 불을 피워 놓고 바쁘게 움직인다. 한나절 정도 지나자 갈색 봉분이 하나 덜렁 생겼다. 처음 머리 깎고 쑥스러워하는 중학생 닮았다. 쑥스러워 하면서 길 건너, 강 건너, 저를 바라보고 있는 나를 보고 앉아있다. 저 땅속에 누운 주인은, 자신이 더 이상 움직이지 못하고, 천 년이고 만 년이고 강물 소리와 자동차 소리와 바람 소리를 베고 잠들고 꿈꾸어야 한다는 것을 진즉에 깨달았을 것이다. 그러니까 땅은 또 하나의 알을 품에 안았는데, 그 부화는 언제쯤인지 아무도 기약할 수 없는 세월이다. 강물은 쉼 없이 흐른다. 우리네 인생도 쉼 없이 흐른다.

/

어제까지 피어있던 눈꽃, 오늘 아침 승천한다. 비 내려, 내설악에 비 내려 물안개 자욱, 미시령 굽이굽이 넘어갈 제, 나무는 차마 붙잡지 못하고 파도소리 곡을 하는구나. 구만리 장천, 상복을 벗고 승천하는 눈꽃.

ⓒ김기돈

오늘, 바람 대책 없이 불고 진눈깨비가 내렸다. 아래에서 계단을 짜고 있는데 옥상에서 웬 녀석이 스티로폼 쪼가리를 마구 뿌려대는 게 아닌가. 아니, 이 엿 같은 날씨에 어떤 녀석이, 눈을 부라리며 올려다보는데 아뿔싸! 스티로폼 가루가 아니라 싸락눈이었다. 구제 받기 틀렸지? 하느님께 마구 욕을 했으니.

/

물로 만든 창을 보았느냐. 물로 만든 칼을 보았느냐. 저것은 무엇이든 뚫을 수 있다. 저것한테 찔리면 박살난다. 땅도 갈라지고 돌도 쪼갠다. 강원도 원주시 흥업면 매지리 회촌 마을회관 조립식 건물에 매달린 고드름. 저것한테 얻어터지면 쩡쩡 얼었던 겨울도 힘없이 물러난다. 거꾸로 매달린 자의 고독을 보았느냐.

다시 눈꽃, 나무는 원래 따뜻한 동물이었다. 나무의 혈관 속에 흐르는 피가 따뜻하지 않다면 저 안개 알맹이의 안부를 묻지 않았을 것이다. 나무는 원래 눈물이 많은 동물이었다. 마음이 약한 동물이었다. 매정하게 뿌리치지 못한 동물이었다. 눈꽃이 바위에 달라붙는 경우를 본 적이 있는가. 나무는 따뜻한 짐승이었다. 눈이 까만, 순한 짐승이었다.

/

또 다시 눈꽃,
아름다운 건 원래 짧은 법이지.

눈이 내리는 이유는 지상에 어떤 흔적을 남기기 위해서인지 모른다. 그러나 눈은 사람의 발자국 따윈 기억하지 않는다. 도보고행승이라면 자신의 발자국이 눈 쌓인 들판을 돌아보게 하지는 않을 것이다.

/

숲길로 들어서자 드문드문 눈이 쌓여 있다. 고주망태 아버지가 지려놓은 오줌지도처럼, 한 시절 산사내들이 흘린 핏방울처럼 눈은 스며들면서 천천히 녹는다. 그늘이 진만큼, 그늘이 익은 만큼, 바람이 휘돌았다 나간만큼, 눈은 천천히 녹는다.

강가의 돌에 눈이 쌓이자
둥근, 둥근 공동묘지 태어났다

희디흰 봉분이 물소리를 듣고 자란다
강가의 돌은 물의 무덤이다
가장 현묘한 구멍에서 나오는 목탁 소리,
봉분을 휘감고 돈다
향이 피어오르자
서풍과 바다는 일제히 엎드려 경을 읽는다

억겁 세월이
돌 속에 꽃 피우게 했다
돌 속에 벌레 꼬물거리게 했다
돌 속에 물고기 뼈 새겨 넣었다
돌 속에 새들의 날갯짓 접어 넣었다
돌 속에 나무의 피 흐르게 했다

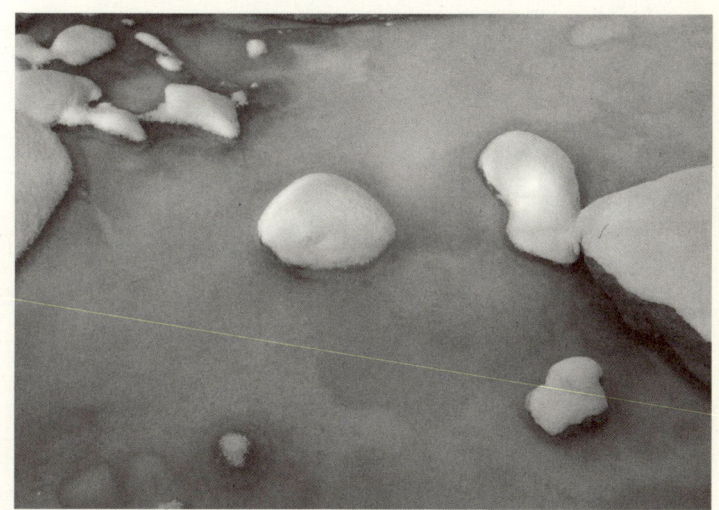

ⓒ김기돈

속수무책, 봄

봄이다. 이건 장난이 아니다. 코피 터지지 않은 삼월하늘은 능욕이다. 어디 어떤 하늘에 대고 만세삼창 부르짖었던 적이 있었던가. 탕진하라, 다 탕진하라.

/

개울가 눈 녹은 물 흐른다. 산이 뱉어놓은 고운 피, 나무가 싸질러놓은 푸른 똥물이 한여름 장마 때만큼이나 울울 탕탕 쏟아 내려온다. 낙엽송 둘러싸인 데쯤 아주 낮은 집 지어놓고, 땔나무 추녀 가득 쌓아 올리고, 고구마 구워 먹고, 신 김치 집어먹으며 한세월 살았으면. 일찍 내려오는 산그늘에 군불 밀어 넣고 넘어가는 해그림자와 떠오르는 달이마 사이로 수직으로 올라갔다 점차 낮은 데로 퍼지는 저녁 연기에서 별이 소름 돋아 으스스한 새벽까지 메주 익어 가는 냄새 벗삼아 책을 읽었으면, 아조 아조 이름 없는 산골 농사꾼 되었으면, 얼음장 밑으로 돌돌돌 봄이 돌아 내려온다.

©김기돈

겨울이 거뭇거뭇 불타 봄이 솟아오르는 농수로에 새가 한 마리 떠있다. 곧 만주나 시베리아로 떠날 새가 무슨 미련이 남았는지 퉁퉁 붇은 발가락으로 물을 움켜쥐고 있다. 보름날이었나, 가야산 꼭대기에서 왼쪽으로 15도 정도 기울어진 능선에서 달이 떠올랐지만 누구하나 달집을 태우거나 달에게 소원을 빌지 않았다. 쥐불놀이 대신 폭죽이 솟아올랐다. 폭죽소리에 놀라 반사적으로 날아올랐는데 왼쪽 가슴 아래가 뜨끔했다. 무싯날 간경화로 저 달만큼 차 오른 배를 싸안고 숨이 넘어간 애비나 식도협착으로 눈 번히 뜨고 죽은 어미 생각하면 총알 관통하듯 가슴 아래가 따끔거렸는데 오늘은 직통으로 맞았나보다. 생각보다 물이 차갑군, 하긴 물속을 날아보는 게 소원이었지, 중심을 잃고 농수로에 처박혔다. 가물거리는 정신으로 수로 둑가에 줄지어 백골이 된 갈대와 뭐라 뭐라 손 흔드는 강아지풀을 마지막으로 보았다. 몇 번 더 싸락눈이 내리고 농수로의 얼음 또한 동치미 항아리처럼 얼었다가 녹기를 반복했다. 맨 먼저 털이 빠지고 몸이 붇어 흰곰팡이가 생겨 뼈가 드러나자 온갖 벌레와 물고기들이 알을 슬고 새끼를 품어 새를 분해하기 시작했다. 새의 영혼은 긴 잠 속에서 하늘을 날고 땅을 쪼아 물결을 헤엄쳐 다니겠지. 반쯤 잠긴 머리와 날갯죽지에는 푸르스름하게 물이끼가 달라붙었다. 죽음은 이 세상에 마지막으로 바치는 공양 아닌가. 그 공양 드시고 봄바람이 푸르게 들판을 일으켜 날아오른다.

/

우수 지나자 시골 사람들 바깥출입이 눈에 띄게 빈번해졌다. 벌써부터 논밭에 나가 꿈지락거리는 사람이 많다. 농로에서나 밭가에서 만나면 모자부터 눌러 쓴다. 그들을 보면 그냥 고백하고 싶어진다. 죄 많은 인생 무릎 꿇고 빌고 싶어진다. 봄이 몰려온다. 마중 나가자. 붙잡자. 봄마중 가자. 봄 꾸러 가자. 봄 갚으러 가자. 봄 뒤엎으러 가자. 봄 심으러 가자. 봄 뒷다리 걸자.

봄바람 숱하게 얻어맞았다. 분명, 봄바람주먹이었다. 그 주먹 잘못 맞으면 멍들지 않고 속병 든다. 그 주먹 잘못 얻어맞으면 샛서방도 몰라본다. 어떤 바람도 모래언덕도 내 발걸음을 멈추게 할 수는 없다. 오로지 내 안에 내 적이 있을 뿐.

/

매화나무는 살갗이 초록이다. 묵은 데기 말고 작년에 난 새내기 가지가 그렇다. 초록 혈관이 들여다보인다. 꺾으면 연초록 피가 뚝뚝 떨어질 것 같다. 산수유는 꼭 진주만 한 꽃망울을 달고 기다리고 있다. 포도당 주사액 떨어지듯 빗방울 가지 끝에 걸렸다. 천천히 회복 중인 봄이다. 봄 마중 가자, 봄이다, 보미다.

봄비 오신다. 단비 오신다. 단비 털 고르듯 오신다. 청소하러 오신다. 정갈한 빗자루질이다. 가르마 타듯 길이 뿌옇게 드러난다. 참빗질 하신다. 서캐 떨어지듯 꽃잎 떨어진다. 비듬 떨어지듯 꽃눈 떨어진다. 투닥투닥 벌레들이 다툰다. 바람형제들은 오랜만에 숲 속에서 숨어 엿본다, 한 숨 푹 자도 되겠군. 나무들은 입을 한껏 벌리고 혀를 내민다. 풀은 선잠을 깨고 땅은 열에 들떠 뒤척인다. 강은 소름이 돋았다. 바다는 묵묵부답이다.

/

바위만한 고집이 어디 있으랴. 바위는 단 한마디 말하지 않으면서 세상의 말을 혼자 다 한다. 자신의 피로 자신의 가슴에 말을 새기는 바위. 한 마디 말을 하기 위해 적어도 5억 9천만 년을 생각하는 바위. 저 굳게 다문 입술을 누가 있어 열겠느냐. 삼월인데 춘설이 난분분하구나. 단식 투쟁 중인 바위. 바짝 마른 입술 위에 하느님의 젖은 손 하나가 들어간다. 스민다. 젖는다.

ⓒ전재원

갈아엎고 써래질하여 물 넘실넘실 받아놓은 논을 지나
간다. 잠방잠방 모내기를 앞둔 논배미에는 비추지 못한
것이 없다. 하찮은 소금쟁이에서 산 그림자나 구름 하늘
까지 다 담고 있다. 논배미 하나의 우주, 논배미 하나의 평
등세상이다. 쌀은 평등을 지향한다. 바람이 불면 아기 처
음 낳아놓았을 때 이마주름살처럼 파도가 일어 논둑가로
간다. 미세한 겹주름을 만들면서 가장자리로 밀리는 물결
을 논둑에 개망초며 명아주며 쑥대들이 바통을 이어받는
다. 논일을 하던 아저씨가 신호를 보낸 거다. 듬성듬성 산
촌(散村)을 지나 마을회관을 뒤로 돌아서 바통을 넘겨주
니 이내 소나무와 상수리나무가 뛰기 시작한다. 나무는
눈도 많이 달려있지만 다리가 워낙 길어서인지 마치 세렝
게티 평원에서 기린이 달리는 것처럼 보인다. 4~5킬로미
터 정도 떨어져 있는 산수리 저수지까지는 단숨에 달려간
다. 거기에는 제법 굵은 이랑을 만들어 버드나무 발목까
지 찰랑대는 물이 보인다. 대학교 뒷산에서 가야산 중턱
까지는 온통 시커멓다. 산불처럼 아까운 게 어디 있을까.
석문봉에서 원효봉까지 날짐승 혀만큼 나온 나뭇잎을 흔
들며 가볍게 날아오른다. 앓을 만큼 충분히 앓아야 봄이
온다. 치를 것은 충분히 치러야 비로소 봄은 온 천지에 내
려앉는다.

오월, 타버린 나무들의 죽음

타버린 나무들의 영혼

타버린 나무들의 꿈

오월의 그늘은 서늘하다
푸르러서 무서운 오월,

나무들 안개에 젖는다. 자세히 보니 한 쪽으로만, 오직 한 쪽으로만 젖는다. 봄은 안개를 먹고 자란다. 흐릿한 게 싫어서 술 먹고는 절대 쓰지 않았다. 나는 타이트하게 살고 싶었다. 꼿꼿하게 살고 싶었다. 꼭꼭 졸라매고 살고 싶었다. 그러나, 봄 안개 속에서는 속수무책이다. 두 손, 두 발 다 들었다. 항복이다. 투항이다. 백기다.

/

물속으로 햇살이 깊이 들어가라고… 물도 햇살에 쩔리면 맑아진다. 싱싱해진다. 청침 햇살 많이 맞고 살자.

/

비바람이 불자 하루살이와 날벌레들이 흔적도 없이 사라졌다. 개구리가 운다. 바람이 거세다. 도둑고양이도 울지 않는다.

며칠, 게으름을 피웠더니, 어린모가 제법 자랐다. 농부들은 두렁을 깎는다. 정성을 다해 깎는다. 바듯하게 쳐올린 중학생 아들 뒤통수를 보는 것 같다. 바람 서늘히 불어도 덥기는 덥다. 앵두를 따먹고 오디를 따먹으면서 걷는다. 옛날에는 모내기도, 김매기도, 두렁풀 깎는 것도 모다들 손으로 했다. 보리밥에 짠지, 하지감자와 열무김치로, 그것도 없으면 막걸리 몇 잔으로 하루를 견디며 일을 했다. 그때 그 앵두 맛이고 그때 그 오디 맛이다. 그러나 이 들녘에, 저 산골에 앵두와 버찌, 오디를 따먹는 아이들은 아무도 없다. 모두 어디로 사라졌을까. 내 나이 비슷한, 머리카락 희끗한, 장년의 사내와 배불뚝이 아내 정도가 옛날 추억을 떠올리며 따먹고 있다. 토끼풀꽃은 이지러지는 참이다. 개망초는 어느덧 아이 키만큼 자랐다. 하루하루가 다르구나. 이가 시리고, 잠이 없어지고, 눈은 흐려진다. 간신히, 간신히 버티고 있다. 정말 눈이 부시게 푸르른 날들이 지나가고 있는데, 이웃집 개새끼와 싸우며, 어떤 때는 개보다 더 처절하게 짖으며, 홀로 식은 밥을 우겨넣는 것이다. 감자를 삶고, 고구마를 찌고, 양파를 굽는 것이다. 미어터지게, 상추쌈을 밀어 넣는 것이다. 저 멀리 뭉게구름, 눈 허옇게 뒤집고 흘러간다.

숲 속 나무에 움텄다. 가지마다 새잎 달았다. 그로테스크한 메니큐어색처럼 작은 입술을 뽀족 거린다. 숲 속에 들어가면 나무마다 파도 한 가마니씩은 담고 있나보다. 잘린 나무를 들여다보면 더 그렇다. 맨 가운데는 화상 입은 듯 가슴이 까맣게, 붉게, 엷게 데어 있다. 저것은 나무의 흉통이다. 파도의 심장부다. 나머지는 모두 물주름이니, 넓게 넓게 퍼져나가는 맨 처음 물주름이니, 온 바다는 나무의 물주름이 퍼져 생긴 것이다. 바다에 가면 나무냄새가 난다.

/

새벽에 반달이 걸렸다. 살 빠지는 반달이다. 골통담배 꽤나 즐겼던 폐병쟁이 사내 눈을 닮았다. 산 속 깊은 곳에서, 사냥으로 다져진 완력 꽤나 쓰는 털북숭이가 반달을 향해 불화살을 쏘아대자 산산조각이 난다. 달이 식은땀을 흘리며 쏟아진다. 은빛가루다. 정충들이다. 얼음이 녹고 버들강아지 하늘거리고 두터운 지층 뚫고 새싹 돋아나듯 가지마다 뽀루지 잎새, 큐빅 같은 이슬 달았다. 봄날만큼 푸근하다. 안개는 새벽녘 산등성이를 한 허리 둘러내더니 강가에 내려가 낮은 곳으로 퍼진다. 도랑 밑으로 자갈 밑으로 모래알 속으로 스민다.

ⓒ전재원

오십 마지기 못자리에 볍씨를 뿌리려면 경운기 일곱 대 분량의 흙을 쳐야한다. 시골에서 흙 구하기란 쉬운 일인데 굳이 산비탈 황토를 고집한다. 흙도 순도가 있어 오염이 덜 된 산 흙이 병충해에 강하다. 쉽게 체념하고 쉽게 타협하는 막걸리 인생처럼 그물망은 헐렁한데 습기 많은 가족사가 또 달라붙는다. 잘 걸러지지 않는다. 잊어야지 냉정하게 삽으로 쳐내도 끈질기게 달라붙는다. 봄바람에 땀 훔치며 담배 한 대 풀어놓으니 흙 알갱이들이 금방이라도 깨어날 것 같다. 저렇게 많은 알들이 꿈을 꾸고 있으니 산과 들도 꿈틀꿈틀 살아있구나. 눈도 못 뜬 흙 알갱이들이 곤충을 살리고 뿌리를 키워 사람을 살린다. 땅에서 태어나서 강에서 자라 바다로 돌아간 뒤에 다시 땅으로 돌아오는, 모든 만물을 젖 먹여 키워내는 어머니, 땅 어머니.

초록화살, 여름

일찍 숲길에 들었다. 이슬이 바짓가랑이와 등산화를 물들인다. 더 짙푸르러졌다. 장끼가 갑자기 푸드덕 날아오른다. 아무 생각 없이 걷다가 깜짝 놀랐다. 풀이 우거진 산길에는 고라니똥이 지천이다. 고라니는 생애 최고의 계절을 보내고 있다. 금방 싼 것은 반짝거린다. 쥐눈이 콩보다는 조금 크다(산골에서만 자란 착한 소년의 눈빛 닮았다). 엉겅퀴가 많이 피었다. 산딸기가 요염하다. 찔레꽃이 피었다지고 찔레가 쇠하자, 산딸기가 그 자리를 대신한다. 시큼하고 들큰하다. 버찌는 벌써 새카맣게 익었다. 한 움큼 털어 넣는다. 달다. 산에는 먹을 게 지천이다. 푸르름도 지천이다. 하늘이 보이지 않을 정도다. 유월이다.

바람이 분다. 숲 한 귀퉁이가 출렁, 채워진다. 개오동, 청단풍, 느티나무 잎들이, 저마다 넓이와 깊이로 파도쳐 달아난다. 물마루 끝, 하늘을 20전투비행단 전투기들이 찢어발긴다. 내 고막을 관통하고 파편처럼 남은 뇌수를 길게 흩뿌린다. 나는 멍청이가 되었다. 어처구니가 되었다. 그 사이에도 원추리는 솟아오른다. 노란꽃이다. 붓꽃이 피었다. 노란 꽃이다. 밤꽃이 폭죽처럼 터졌다가 고개 숙인다. 하얀 꽃이다. 어쩌면 그렇게 정액냄새와 꼭 같은지, 신 살구 따먹고 애 하나 뱄으면….

/

바람바다에 밤꽃 냄새가 정액처럼 퍼지자 숲은 이내 어두워졌다. 물고기알 닮은 밤톨들의 꿈도 한여름동안 잘 익어가겠지. 바람은 수컷 지느러미가 되어 알이 부화될 때까지 혼신을 다해 부채질을 할 것이다. 온도 조절을 위해, 천적으로부터 알을 보호하기 위해 아무 것도 먹지 않고 지극 정성으로 부채질을 할 것이다. 알껍질을 깨고 새끼들이 밤나무를 떠날 즈음 수컷바람은 죽는다. 죽어 땅속으로 스민다. 곧 장마가 몰려올 것이다.

소나기 잠시 휴식, 온 들판에 안개, 산딸기 위에 빗방울 젖어 있음, 소나무 숲, 대나무 숲에서 후욱 끼쳐오는 이끼 냄새, 젖은 여자의 머리칼 냄새. 호박꽃이 피었다. 자귀꽃이 피었다. 유월이 다 갔다.

/

우기에 접어들었다. 바람 거세게 불고 비 퍼붓는다. 고맙다. 비 내리니 조용하다. 아랫집 여자 목욕탕 양은대야로 타일 긁는 소리 안 난다. 윗집 개새끼 짖지 않는다. 게이트볼장 술 취한 노인네들 출근하지 않는다. 모든 소음이 빗속과 바람소리에 파묻힌다. 빗속에서 절간처럼 고요해진 집이다. 도라지 꽃이 피었다. 철모르는 코스모스도 피었다. 거센 비바람을 맞고도 꽃은 기어코 피어난다. 텃밭 주위에 나뭇가지가 함부로 부러져 나뒹군다. 부러져봐야 멀쩡할 때 고마움을 안다. 다시 이어붙여 쓰려면 얼마나 많은 세월이 흐르겠는가. 큰 비 그치고 잔비 온다. 사물들, 잠 깨어 기지개 켠다. 나는 얼마나 젖어 있느냐. 얼마나 부러졌느냐.

ⓒ김기돈

비가 왔다. 오랜 가뭄에 시달리던 사람들은 일제히 따라 부르기 시작한다. 이런 비는 좋은, 진짜 좋은 노래다. 가뭄 끝에 오는 비는 모두가 화답하는 노래다.

/

장마가 소강 상태다. 매미 소리만 간간 들려오고 적막이다. 조금 자고, 조금 먹고, 많이 걷고, 오래 들여다본다. 먹는 일이 이렇게 귀찮을 수가! 나 혼자 먹기 위해 음식을 만든다는 것. 찌질하고 찌질하다. 한 개 남은 복숭아로 점심을 때우려다 몸을 사랑하기로 했다. 모자 쓰고 천천히 서령 고등학교 앞까지 걸어 삼계탕 한 그릇을 사먹었다. 식당 안에는 땀에 절은 손님들과 개고기 냄새가 흘러넘쳤다. 어린 아이들은 함부로 퉁탕거리며 천방지축이다. 누구 하나 제지하는 어른이 없었다. 더위보다 사람 참느라고 땀이 줄줄 흐른다. 학교 앞 화단에는 베고니아가 화려하게 피었다. 등나무 줄기는 커다란 고투리를 달고 고행 중이다. 말매미는 체육선생만큼 우렁차고, 쓰르래미는 국어선생처럼 차분하다. 등나무 그늘에 앉아 땡볕을 바라본다. 이 더위에 공사장에서 일하는 사람도 있다. 소금꽃 핀 옷과 땀띠가 솟아 벌겋게 부풀어오른 허리와 등이 보인다. 잠시 잊고 있었던 내 모습이다.

밤꽃이 지고 새끼 밤송이가 달렸다. 저 양수 안에는 순한 주먹을 쥔 아기 형제가 숨쉬고 있으리라. 오리나무 휘감고 올라가는 참머루 넝쿨에는 꼭 초등학교 2학년 여자아이 젖꼭지 같은 열매가 맺혔다. 청포도 익어가는 칠월이다. 어디 먼데 닭 우는 소리 들렸으랴.

/

모기는 많고 비는 안 오고 후텁지근하고 정화조 모터소리 끝이 없고 양어장 양수기소리 합세하고 슈퍼마켓 냉장고소리 삼중창으로 올 여름을 넘긴다. 덤도 준다. 공군 비행장 전투기 뜨고 내리는 소리, 정화조에서 물큰 올라오는 익을 대로 익은 똥냄새까지 무료로 준다. 이렇게 어려운 시절, 그냥 주는 것도 있다니 눈물 나게 고마운 일이다.

/

눅눅한 장마철 오랜만에 보일러를 틀자 안전차단이 자주 걸린다. 아내는 그 소리도 오래 듣다보니 진짜 귀뚜리소리 같다고 했지만 아무리 수동복귀를 눌러도 그치지 않는다. 진짜 귀뚜리소리를 듣고 싶다.

개가 크게 짖어봐야 철망 안에 묶여 있으니, 철망 안에 묶여 있는 개새끼가 크게 짖어봐야 무슨 대수이겠느냐. 뱀딸기가 먼저 익는다. 개시금치가 싱싱하게 빨리 자란다. 돼지감자가 더 많이 달린다.

/

여름이 갈 무렵 늦게, 태풍 하나쯤은 도착하기 마련, 빗줄기가 뜸해지면 소쩍새 운다. 밤새워 운다. 내 삶 돌리도, 내 인생 돌리도, 나 이대로는 도저히 눈감을 수 없다고 운다. …내 마음 속 독기도 함께 뺀다. 마음 속 무분별한 욕망, 질투, 어리석음, 무명, 쓸데없는 꿈 모두 뽑아내는 거다. 이제 말 줄이고 사는 법, 사람 만나지 않고도 사는 법, 내 스스로 존엄을 지키는 법, 다스려야 한다. 뒤돌아보면 너무 느슨하지 않았던가. 오래 입다보면 저절로 느슨해지는 속옷 고무줄처럼, 스스로 그냥 늙어버린 것 아닌가. 그 험한 세월을, 얼마나…그래, 이렇게 비 오고 바람불어도 신문배달은 어김없이 오듯 삶은 빈틈없이 저렇게 오는데.

태풍 영향으로 비 찔끔거린다. 나그네는 빗속에서도 쉬지 않는다. 병든 고추가 많이 떨어졌다. 마음 속 병든 생각들도 저렇게 떨어졌으면, 썩어 흙속에 섞여들었으면, 연꽃 위에 빗방울 퉁탕거리며 뛰어내리고 뿌리 어디쯤 황소개구리가 운다. 개구리가 아니라 무슨 부엉이가 우는 소리 같다. 토란잎이나 칡잎에 떨어지는 빗방울은 오호, 크기도 작고 영롱한데 꼭 자연산 진주(자연산 진주는 약간 검은색이다) 굴러가는 형상이다. 배롱나무꽃은 그때 그 여자처럼 피었다. 지금은 어느 하늘 아래에서 장마를 견딜까.

/

　다행히 별 피해 없이 태풍이 지나갔다. 옮겨 심은 들깨 모종이 한 30cm 정도 자랐다. 아무런 연고 없는 지방 소도시에 옮겨온 지 20년이 지났다. 얼마나 자랐을까. 이제 성장한 모든 알이 꽉 차 곧 부화하는 일만 남았다. 배를 째는 아픔으로 우리는 밥을 얻는다. 흙속에 말뚝 박혀 뭇 생명을 살리는 씨앗들! 여름 내내 말뚝김밥 하나로 버틴 꼴이다. 나는 누구에게 박힌 말뚝인가. 말뚝김밥인가.

농약을 뿌린다. 이화명충이 죽는다. 벼멸구가 죽는다. 잠자리가 추락한다. 거미집이 폭삭 내려앉는다. 텃쥐가 뒷다리를 덜덜 떤다. 뱀이 사라진다. 새가 날지 않는다. 들고양이가 울지 않는다. 오소리가 뻗어있다. 풀이 탄다. 물이 오그라붙는다. 다리가 다섯 달린 강아지가 태어난다. 송아지는 한쪽 다리가 없다. 사람이 쓰러진다. 반신불수가 된다. 똥오줌을 받아낸다. 농약을 뿌린다. 올챙이가 없어졌다. 개구리가 보이지 않는다.

무궁화 꽃이 피었다. 개망초는 절정이고, 고구마순과 호박넝쿨은 무성해졌다. 쓰르래미가 운다. 풋밤과 풋마음이 수줍게 달렸다. 논은 벼가 자라 한 치 틈이 없다. 하늘도 비추고 구름도 비추고 새도 전봇대도 산 그림자도 비추고 달밤에는 소쩍새 울음까지 비추던 논은 빈틈이 없다. 꽉찬 비취빛 바다이다. 몸 전체가 녹색화살이 된 벼. 드디어 해를 쏘고 달을 쏘아 떨어뜨릴 자세다. 절대로 뒤돌아보지 않을 자세이다. 고추와 옥수수는 씩씩대며 키를 잰다. 도라지꽃 피고, 호박꽃 속으로 노란 털옷을 입은 벌이 다이빙을 한다. 한 여름 속 가을이 왔구나. 고추잠자리 한 세상 넘나드는 것 보아라. 온 숲속에, 온 들판에 숭늉냄새 가득하다.

푸르름에는 높낮이가 없다. 휘어지고 꺾어지고 키 작은 나무에게도 푸르름은 퍼져 나간다. 가지의 굵고 가늘기, 잎의 넓이와 좁이가 푸르름을 결정하는 것도 아니다. 그늘이 짙고 옅은 것도 푸르름에 영향을 미치지는 않는다. 햇볕이 더디게 닿아도 푸르름에는 빠르고 늦음만 있을 뿐, 푸르름이 덜하지 않는다. 오히려 숲은 가늘고 어린 나무들부터 티눈이 부어올라 생살을 앓느니, 숲은 나무들이 몸살 앓아 이루어진 마을이다. 푸르름의 공평한 살림살이이다.

ⓒ김기돈

소나기 뒤에 가을이다. 나는 청정한가. 여기에 정이 붙지 않는 이유는 저쪽에서 누가 자꾸 나를 끌어당기고 있기 때문이다.

/

여름에서 가을로 넘어가는 숲 언저리, 새벽이 다가오면 벌레는 온통 들끓는다. 아침해가 불끈 낮의 뚜껑을 열어젖히기 전까지는 맹렬하게 끓어오른다. 벌레는 압력솥이다.

/

가을에는 쭉정이도 고개 숙인다. 하늘에 차마 고개 들지 못할 것들이 너무 많은 세상이다. 땅은 다 용서해주는데도 말이다. 이슬하나까지 모두 받아들이는데도 말이다.

떠오르는 해가 나를 물로 인도했다면 지는 저녁 해는 흙으로 나를 이끌어 가리라. 저 해가 나를 비추는 동안은 무서울 게 없으리라. 다시 가을이다. 강아지풀이 더욱 겸손해지는 시간이다. 물의 아랫도리가 더욱 맑아지는 소리를 듣는다.

/

정말 모기와 파리가 입이 삐뚤어질까? 가을은, 땅에서는 귀뚜라미 등을 타고 하늘에서는 구름의 등을 타고 온다고 하는데, 그렇다면 바람의 등을 타고 오는 것은? 저 넓은 들판에 누렇게 익어 가는 벼들의 그윽함 일게다. 완벽한 평등이다. 바람파도가 아무리 드세어도 옷자란 놈을 시기하지 않는다. 가을 들판은 온통 가마솥 누룽지 냄새로 그득하다.

가을에는 좀 진득해져서 자기 책상으로 돌아가 벌레소리와 함께 늦게까지 불 밝히고 있어야 선비 된 자의 도리 아닌가. 왜 그렇게 괴로움에서 헤어 나오지 못하는지. 외로움이 오면 물리치지 말고 반갑게 맞이할 것. 외로움을 가을에 둘도 없는 친구로 삼을 것.

/

새벽 4시 빗소리 들린다. 모처럼 가을비, 제법 구성지다. 풀벌레 소리 약해졌다. 풀벌레는 이 새벽, 저 비를 어디서 피할까?

/

가을비, 쓰러진 나락 모두 썩힌 가을비, 생강 누렇게 병들게 한 가을비, 빨래 눅눅한 가을비, 정화조 시체 썩는 냄새 올라오는 가을비, 꽃잎 처연히 떨어지는 가을비, 추운 가을비, 술 생각도 나지 않는 가을비, 전깃줄 울어 예는 가을비, 잠이 오지 않는 가을비.

©김기돈

천둥 번개와 함께 거세게 비 내린다. 잎사귀 다 떨어졌다. 소름 돋듯 혼자 피어 있던 산부추꽃 어떻게 버티나. 이제 진짜 가을맛이 난다. 느티나무 은행나무, 단풍나무, 벚나무 모두 색깔이 다르다. 다르면서 깊어진다. 이 비 그치면 쌀쌀해지겠구나. 나무는 외로움을 재산으로 태어난 남자, 더 깊어지면 어디로 갈까.

/

몇 번, 태풍이 진로를 바꾸어 일본 쪽으로 갔지만 찔끔찔끔 비가 자주 내린다. 가을비는 장인 턱수염 밑에서도 피해가라는 말이 있다. 숲속에서는 짙은 소독약 냄새가 난다. 목이 아프고 잔기침이 터져 나오더니 그에 콧물이 비친다. 그렇게 운동을 했건만 또 계절이 바뀌면서 연례행사처럼 앓는 몸살이 시작되었나보다. 소설을 쓰는 박상륭 선생께서는 아름다움이란 〈앓음다움〉에서 온 말이라고 하셨다. 그렇다! 가을은 앓는 계절이다. 많이 아픈 다음에야 비로소 아름다워질 수 있다. 올 가을에 우리 한 번 끙끙 앓아보자.

다시 새벽인데, 풀벌레 소리 하나 없는 밤이다. 개 짖는 소리도 들리지 않는다. 휴가 기간이 좋은 점은 모두들 떠나서 소음까지 따라 나선 것! 자, 가을의 내밀한 소리에 귀 기울이자. 자, 가을의 저 와자지껄한 냄새에 콧구멍 벌렁거리자. 내 몸을 모두 맡기자. 송두리째 드리자. 서슴없이 피의 제단에 내 몸을 던지자. 누구도 따라올 수 없는 엄정한 가을의 문장에게 뇌물 공여하자. 제물로 바치자.

/

은행나무와 단풍나무가 물들기 시작했다. 물들면 빨갱이라고 잡혀가던 시절이 있었다. 그렇다면 나는 골수 빨갱이다. 이 숲길에 물들어 왔으므로. 막걸리 반공법이 횡행하던 시절이 있었다. 당연한 거 아닌가. 막걸리도 많이 마시면 뺨이 붉게 달아오른다. 가슴 저 밑바닥부터 뜨거운 기운이 북진을 한다. 느닷없는 고백에 복숭아 익듯 달아오른 그대의 뺨을 평생 잊지 못하리라. 그대에게 물든다는 것, 그대에게 빨갱이 소리 듣는 것, 그것은 구속되어 사형을 언도 받아도 영광스런 훈장 아니겠는가. 가을이 왔는데 물들지 못하는 것들이 많다. 명박산성과 그 나팔수들, 그들은 삼천대천세계의 생명들보다, 50년 굳고, 50년 썩는 시멘트를 주 예수 그리스도보다 더 섬기는 모양이다. 모두들 물들고 있는데, 자기들끼리 거푸집 짓고 철근 동여매고 콘크리트를 퍼부어대고 있다. 묶여 있는 게 자신들 몸인지도 모르는 채….

/

이제 숲은 벌레들의 잔치다. 바람이 한 차례 비집고 들어가자 도토리 떨어지는 소리에 흠칫 놀란다. 개 때문에 살인 사건이 또 일어났다. 두 번 실수하지 말자. 가을이 내게 전하는 말에 최대한 귀 기울여 듣자. 가을이 이렇게 깊숙이 옆에 와 있는데 나는 개소리 때문에 늙는다. 바람 소리, 구름 흘러가는 소리, 벌레 소리, 새 소리, 낙엽 떨어지는 소리 모두 모두 좋은데 저 개 소리는 왜 참지 못하는가. 우선 나 혼자만이라도 개소리 그만 하자.

/

햇볕은 가을 들판을 도가니에 넣고 끓인다. 금이 끓어 넘친다. 아희야, 반지를 만들어주랴, 목걸이를 만들어주랴, 귀고리를 만들어주랴. 저 살굿빛 해 꿀꺽 삼키고 금두꺼비 닮은 아이 하나 낳아주랴.

억새처럼 가벼운 손을 본 적이 있는가? 나뭇가지는 아무 것도 쥐려 하지 않는다. 오직 공기와 하늘을 호흡하고 있을 뿐. 사람의 손은 너무 무겁다. 검거나 하얀 손은 늘 축 쳐져있다. 검은 손은 아귀와 같이 무엇이든 쥐면 놓으려 하지 않고 하얀 손은 아무 일도 하지 않고 거저 얻으려 한다. 관상용으로 쓰려고 하느님이 손을 창조한 것은 아닐 게다. 생산에 쓰이지 않는 손은 손이 아니다. 생산을 하고도 대가를 바라지 않는 식물들의 손이 가을 햇볕에 흔들린다. 하느님의 왼손이시다. 억새처럼 가벼운 영혼을 본 적이 있는가?

/

다툼이 일어나지 않도록 멀리 돌아다녔다. 새벽 차고 맑은 하늘에 별이 정말 숯불처럼 떠 있다. 차고 맑은 겨울이 오고 있다. 내일 모레가 상강이다. 냉정해져야 한다. 내 인생에도 내 머리에도 찬 서리 내린다. 남하고 부딪히지 말자. 다툼은 소인배나 하는 짓이다. 이제 개소리도 새소리로 듣자. 하루에 적어도 팔만 사천 번 정도는 탈피해야 한다. 허물은 벗어버리라는 것, 벗어 던지라고, 그까짓 것 개도 물어가지 않는 거라고, 과감히 벗어던지라고 있는 것. 작은 허물하나 벗어 던지지 못하면 거듭, 거듭, 태어날 수 없다.

모기입이 비뚤어질 때도 되었는데, 안심했더니 웽하고 달려든다. 호랑이보다 무서워하는 모기인지라 신병 총기 파지하듯 들고 있던 약을 뿌렸더니, 두꺼운 소설어 사전 위에 떨어져 버르적거린다. 혼신을 다해, 거꾸로 뱅뱅 돌면서 일어서려고 발버둥을 친다. 그 마지막 힘이 놀랄 정도로 세다. 비장하다. 저 작은 미물도 죽기 직전에는 황소를 쓰러뜨리고 남을 힘을 쓰는 모양이다. 모기침에 견디지 못하고 드디어 황소가 쓰러지자 투우사 모기도 같이 쓰러진다. 드넓은 소설 투우장은 곧 잠잠해졌다. 한 줄기 회오리바람이 모기 다리 깃털을 흔들고 지나간다. '모기 다리에 워카'라는 말, 이제는 고쳐 써야 하겠다. 삼가 명복을 빈다.

/

내 마음에 사막이 있나보다. 늦가을 비, 바람에 흩날리는 가랑잎들, 그리고 폭풍주의보가 내린 바다를 바라봐도 모두가 사막으로 보였다. 아무런 감정의 동요가 없었다. 추운 겨울을 예감하며 나는 사막이었다.

꽉 차게 살자. 절대 고독을 견디는 것, 그것은 가을이 가져다주는 선물이다. 절대 고독을 견디는 자에게 절대 자유가 온다. 저 잘 익어 떨어지는 씨앗을 보아라. 완전한 단절이 완전한 자유를 가져온다. 그리하여 완전히 끊어, 집착하지 않는 삶이 꽉 차게 사는 삶이다. 저 숲길처럼, 외로움을 혼자 고스란히 견디면서 겨울을 맞이하는 것이다.

ⓒ김기돈

걷다, 상처 난 길

길에는 땀이 묻어 있다
베개에 침이 묻어 있고
벽에는 흙탕이 묻어 있다
말에는 뼈가 묻어 있다
바람에 비가 묻어 있고
풀잎에 이슬이 묻어 있고
나무에 불이 숨어 있다
땅에는 사람이 묻어 있다
산에는 구름이 묻어 있고
하늘에는 별이 묻어 있고
감옥에는 피가 묻어 있다
사람들 가슴속에는 칼이 묻어 있다

하루를 열면서, 하루를 마감하면서 걷는 자만이 되돌아 올 수 있다는 것을 깨닫는다. 되돌리는 것이 얼마나 힘든 것인지 빗줄기 앞에서 고개 숙인다. 걷는 자는 도달할 수 있으며, 되돌릴 수도 있다는 것! 땀이 말해준다.

/

걸으면서 단순함에 대해서 생각한다. 운동은 오로지 몸 하나만 생각하면 된다. 단순하고 깨끗하다. 몸 안에 나쁜 피가 다 빠져나간 느낌이다. 새로 태어난 기분이다. 운동 은 사람을 깨끗하게 한다. 산소 공급원이다. 찬물에 밥 말 아 김치 한 보시기만 먹어도 근육은 박달나무처럼 탱탱해 진다. 소처럼 우직해진다. 자주 퍼낸 우물은 이끼가 끼지 않는다.

/

걸으면서 분노를 삭이는 거다. 식히는 거다. 성큼성큼 걸어온 발자국마다 벌겋게 닳은 쇠가 담금질 물에 들어가 쉬익 소리를 내듯, 발자국마다 벌겋게 김이 피어오른다.

언 길을 얼어붙은 눈을 밟으며 언 몸으로 걷는다. 언 바람과 맞선다. 언 가족과 맞선다. 언 세상과 맞선다. 얼어붙은 삶과 맞선다. 언 하늘을 배경으로 멧비둘기가 난다. 언 땅위에 억새가 흔들린다. 언 쑥대가 손짓한다. 언 개울가 얼음장 밑으로 울컥 뜨거운 물이 흐른다. 언 물고기가 얼음장 밑에서 몸을 녹인다.

/

논둑과 숲길을 지나 하수종말처리장까지 걸었다. 가없는 천수만이 드넓게 펼쳐져 있다. 새는 아무 죄가 없다. 새는 힘이 세지 않다. 새는 사람을 괴롭히지도 않는다. 하수종말처리장 근처에는 몇 대의 짚차가 보이고 외제 승용차도 서 있다. 갑자기 폭죽 터지듯 총소리가 갈대를 뒤흔든다. 여기저기서 함부로 쏘아댄다. 저것들은 머지않아 새들보다 더 힘없이 쓰러질 말종들이다. 쓰레기들이다. 자기 자식이나 아내, 부모의 가슴에 총부리를 들이댈 놈들이다. 새들은 수직으로 떨어진다. 피묻은 손들이 온 산하를 더럽힌다. 죄는 깊고 인간은 터무니없이 얕다.

새벽 빗속을 걷는 일은, 한낮 땡볕 속을 걷는 일은, 저녁 눈보라 속을 걷는 일은 뼈대를 세우는 일이다. 척추를 똑바로 세우는 일이다. 걷는 길을 다시 반성하는 일이다. 발자국 소리에 티끌이 묻어있나 확인하는 일이다. 발자국 소리에 티끌이라, 그렇다. 발자국에도 때가 묻으면 신발이 무거워지고 신발이 무거우면 몸이 무겁고 몸이 무거우면 영혼 또한 무거워지는 것이니, 걷는 일도 반성하라. 걸으면서 반성하라, 네 발자국 소리를 잘 들어라.

참 오래 걸었습니다. 끊임없이, 하루도 빠짐없이 걸었습니다. 걷지 않으면 숨쉬지 않은 것처럼 답답했습니다. 제 삶은 오직 걷기 위해 태어난 사람 같았습니다. 새벽에도 걸었고 아침에도 걸었고 점심에도 저녁에도 어떤 때에는 한밤중에도 걸었지요. 들길이 가장 많았고 산길, 해변길, 공동묘지, 아스팔트 포장길, 포장 안된 자갈길, 험한 바위산길, 논두렁길, 계단 가리지 않고 걸었어요. 틈만 나면 걸었어요. 명절날은 차례 모시고 걸었고 제삿날에는 제사 지내고 걸었습니다. 봄에는 꽃이 피어 좋았고 여름에 비를 노박이로 맞고 걸었고 가을에는 안개와 걸었고 겨울에는 눈보라가 친구 되어 줍니다. 언제 꽃이 피고 씨를 뿌리며 모를 내고 잡풀을 뽑고 농약을 치고 언제 거두어들이는지 과정 하나 하나를 꼼꼼하게 보았습니다. 계절의 변화를 이보다 잘 관찰할 수는 없을 거에요. 늘 혼자였어요. 길 앞에서는 아무 생각도 하지 않고 걸으려고 노력했습니다. 생각이 떠오르려는 기미가 보이면 더 몸을 혹독하게 단련하여 눌렀지요. 외롭거나 무섭지 않았습니다. 오직 걸어서 척추가 바로 선다면, 오래 걸을 수만 있다면, 몸으로 느껴 길을 체득한다면 생각이 없어도, 글을 쓰지 않아도 좋다고 채찍질했습니다. 수많은 사람과 사물을 만났습니다. 벌레에서 나무까지 시체에서 먼지까지 얼마나 많은 길동무들을 만났는지 모르겠어요. 그들은 저보다 훨씬 먼저 걸었거나 서있던 생명들이었지요. 말을 걸거나 말거나 어루만지거나 쓰다듬거나 무덤덤했지만 아랑곳하지 않았습니다. 도보고행에는 적들도 친구가 되니까요. 가장 무서운 동물은 인간이었습니다. 그 중에서도 일하는 사람들이었습니다. 새벽부터 시작해 깜깜해져 더 이상 무엇이 보이지 않을 때까지 오로지 흙에 파묻혀 일하는 사람들을 만나면 무서웠습니다. 멀찍이 돌아갔지요. 마주치기가 무서웠습니다. 그들은 나를 피하지 않았지만 나는 그들이 두려웠습니다. 걷는 일도 농사꾼들에겐 사치였던 것입니다. 일하는 사람들은 걷지 않아도 내가 만난 사물들과 오래 전부터 친구였고 이웃이었지요. 무엇보다 그들이 흘린 땀이 저를 떨게 했습니다. 그들은 버리지 않습니다. 오직 생산에만 몰두합니다. 끊임없이 가꾸고 어루만지며 키우고 생산합니다. 먹지 못할 것은 아예 가꾸지도 않습니다. 태어나서부터 남을 위해 언제 먹을거리 한 번 생산한 적 있는지요. 부끄러웠습니다. 다른 어떤 강력한 적보다 땅에 엎드려 땅과 하나 될 때까지 우리를 살리는 저 일하는 사람들이 가장 무서웠습니다. 절하고 싶었습니다. 무수히 절하며 지나쳤지요. 먼 길로 우회하면서도 경배했습니다. 죄송합니다, 죄송합니다, 길을 더럽혀서 죄송합니다, 하면서 걸었지요. 몸이 회복되면 이마에 불이 번쩍 나도록 살아갈 겁니다.

ⓒ전재원

세상의 모든 인연은 상처이지만 그 인연을 쉽게 끊지 못하듯이 세상의 모든 길은 상처투성이지만 집으로 가는 길이기도 하다. 세상 모든 길은 집으로 돌아가는 길이다. 어떤 더위도 땡볕도 이 발걸음을 이기지 못한다. 산책길 주위 논에 다시 나락이 팼다. 아직은 꼿꼿하다. 참깨 꽃이 피었다. 달맞이꽃이 피었다. 고구마덩굴이 무성하다. 백중날이 다가오나 보다. 길가에 잡풀을 깨끗하게 베었구나. 마른 풀 냄새가 다리 골에서 맡은 어릴 적 꼴 냄새와 똑같다. 첫물 고추를 따서 널어놓은 집도 있다. 벌써 고추잠자리 드높게 날고 여름이 깊어간다. 시간은 느리지만 세월은 속절없이 빠르다. 봄과 여름의 경계가 모호하고 가을과 겨울은 짧다. 여름이 길고 겨울에도 추운 줄을 모르겠다. 우리는 집을 떠나 얼마나 멀리 헤매었던가. 심판의 날이 다가오리라.

매미 소리 가야산을 온통 들어올린다. 전투기 소리 온 서산 땅을 갈갈이 찢어발긴다. 멀리 있으면 잘 보이지 않는다. 가까이 가자. 우리 모두 가까이 가자. 해발 653미터 정상에 흰 수건을 던진다. 항복이다. 행복했다. 지면 이렇게 편한 것을. 더 가까이 내려가자. 멀리 보면 작게 보이는 법, 사람 속으로 더 가까이 가자. 가까이 가면 크게 보인다. 산이 가르쳐준 말씀이다.

/

　논과 밭을 지나 숲길을 걸었다. 숲이 끝나는 자리에는 갈대 무성한 개천이 있고 강둑을 벗어나면 드넓은 간척지가 나타난다. 담수호의 주인들은 철새들이다. 철조망이 필요 없는 구역을 그들은 넘나든다. 새는 수직을 수평으로, 직선을 곡선으로 만드는 유일한 짐승이다. 방조제 너머는 바다이다. 바다는 수평이 지칠 대로 지친 곳에서 시작된다. 시간은 한 귀퉁이 휘어진 수평을 물고 넘실거린다. 거기 가면 비로소 지구가 둥글다는 것을 몸으로 느낄 수 있다. 모든 직선은 곡선을 지향하고 궁극에는 원으로 돌아간다. 원은 궁극이다. 핵이다. 구멍이다. 열반이다. 해탈이다. 명멸이다.

오랫동안 이 숲길을 걸었다. 비가와도 걷고 눈이 와도 걷고 꽃이 피거나 바람 불거나 봄여름 갈 겨울 할 것 없이 줄기차게 걸었다. 걸을수록 길은 낯익었으나 걷고 나서 뒤돌아보면 늘 새로운 모습으로 뻗어있었다. 길은 호락호락하지 않았다. 내리막길에서도 식은땀이 났다. 나무 그림자가 길어지면서 또다시 가을이다. 나도 저 나무 그림자처럼 단호하게 살고 싶었다. 저 산그늘처럼 명확하게 살고 싶었다. 고양이 시체 하나 썩는 데도 1년이 넘는 세월이 흘렀다. 길은 모든 것을 감싸는 듯 했으나 모든 것을 배척하기도 했다. 길은 시시각각 썩고 스며들고 새로 돋아나고 베어 넘어지고 젖어있거나 바짝 말라 있었다. 나는 곧잘 넘어지곤 했다. 휘청거리며 겨우 걸을 때도 있었다. 땡볕은 사나웠고 그늘은 서늘했다. 숨기는 싫었다. 걸으면서 당당해지는 법을 배웠다. 피하고 싶은 것도 피하지 않았다. 외로움도 이 길의 운명이고 잊힌다는 것도 이 길의 숙명이리라. 길은 휘어지고 뒤틀어지고 끊기는 듯 했으나 이어져 곧발랐다. 끊기지 않았다. 정당하게 통과했다. 멀리 뻗어 늘 막막하고 아득한 길, 주저앉지는 않으리라. 땀범벅으로 걸어가리라.

새벽별 바라보며 걷다보니 문득 어린 시절이 떠오른다.

땀 냄새와 발꼬랑 냄새와 담배냄새가 범벅이 되어서 누룩 익어 가는 냄새와 메주 뜨는 냄새가 가득한 조새완 (생원의 고향말)네 사랑에는 이가 끓었다. 벼룩이 튀었다. 빈대가 굼실거렸다. 이야기가 끓어 넘쳤다. 가마니 치기나 멍석을 말거나 망태기나 삼태기를 삼느라 짚풀이 먼지를 가득 피워 올렸다. 석유호롱 심지 끝에는 천장이 시커멓게 지도를 넓히고 방바닥은 군불에 종이 장판이 바짝 말라 타는 냄새가 오줌지도를 그리듯 퍼져 나갔다. 밖은 유리알처럼 밝았다. 유리가루를 빻아 뿌려놓은 듯 수분리에서 북치재까지, 별이 하늘을 가득 채웠다. 달이 너무 밝아 나무그림자가 나무보다 더 선명할 때는 잔별들이 흐릿해졌다. 장산 개호주가 울면 뒷산 부엉이가 화답을 했다. 방앗간 안은 먹빛이었다. 갑자기 탱탱해진 불알이 진저리를 치며 오줌이 마려웠다. 오늘은 감천 김세완네 제사가 있는 날이다. 댕댕이 소쿠리를 옆에 끼고 완수와 나는 막단자를 다녀오는 길이다. 김이 무럭무럭 나는 젯밥에 무와 두부가 숭덩숭덩 들어간 국, 팥고물이 잔뜩 들어있는 시루떡, 온갖 나물과 무침에 그 시절 귀한 삶은 돼지고기 편육도 들어있고 막걸리는 걸을 때마다 출렁거린다. 침이 꿀꺽 넘어간다. 돌아가신 분이 살아있는 후손들에게 한 상 걸게 차린 날이다. 이 날만은 과식을 해도 아무런 탈이 없었다. 어른들도 흔쾌하게 아이들에게 탁주잔을 돌렸다. 잔돌의 그림자까지 선명한 겨울밤이었다. 새벽 하늘에는 개호주의 눈빛처럼 새파란 별빛이 무더기로 쏟아지던 겨울밤이었다.

/

비가 내려 산길 푹푹 패였다. 패이면서 낮아지는 산, 사람도 마음이 패어야 낮아진다. 성질 죽인다. 저 수미산이 평평해지려면 얼마나 많은 비가 내려야 하나. 나무와 풀이 없는 길이 먼저 패인다. 길이 곧 상처이다. 그러니까 사람이 많이 다닌 곳이 먼저 패인다. 사람이 상처다. 상처가 보살이다.

이 숲길을 오래 걷는 동안 내가 한 일이라곤 달팽이 백여 마리를 풀구덩이에 던져준 기억밖에 없다. 달팽이는 짧게는 몇 년, 길게는 한 생애를 걸고, 티벳에 있는 라마사원을 향해 오체투지하는 중국 감숙성의 촌사람처럼, 온몸을 바닥에 대고 폭이 채 2미터도 안 되는 길을 건너고 있었는데, 길을 가는 달구지들은 달팽이의 오체투지 정도는 아랑곳하지 않고 내달리는 바람에, 반나절도 못 건너 그대로 땅바닥에 피떡이 되어 열반에 드는 것이었다. 달팽이의 비명소리가 오래도록 귓가에 쟁쟁하다. 달팽이는 왜 기를 쓰고 길을 건너는가. 이쪽이 삶이라면 저쪽은 죽음인데, 달팽이 쪽에서 보자면 이쪽이 지옥이고 저쪽이 천국이란 말인가. 불교에서 말하는 피안이라도 된단 말인가. 하여튼 생명은 장중했고 달팽이의 서두르지 않는 보폭은 엄숙했다. 삶에 대해 저 정도 경건하고 치열하게 부딪친다면 내 스승 정도는 되겠구나 하는 생각에 한사코 그들의 죽음을 막아보려고 했지만 모르겠다, 내가 한 이 작은 행동이 누구를 이롭게 하고 누구를 해꼬지했는지. 내 마흔 두 해 짧은 생을 되돌아보니 제 몸에다 제 집을 짊어지고 바닥으로만 기어온 달팽이의 삶이 바로 내 삶이었구나. 누구나 바닥으로 긴 삶은 고통스럽고, 고통스러워 아름답게 빛날 수도 있겠다. 길짐승이나 날짐승의 먹이가 되었든, 풀구덩이에 처박혀 오롯하게 말라비틀어져 해탈을 하였든, 자연으로 돌아가는 순명은 똑같다 하더라도 예정에 없던 교통사고는 어떻게든 막아보려고 했는데 말이다. 아침저녁으로 찬이슬이 맺히고 한낮 가을 숲은 습기 빠져나간 보송보송한 공기로 가득한 지금, 달팽이는 보이지 않는다. 그 많던 달팽이는 어디로 갔을까.

/

바람 햇빛 구름 적당하게 따뜻하고 서늘한 오후, 시냇가를 지나다가 보았다. 조금 지나면 온 가족 함께 들어갈 관이 될지도 모르는, 까만 승용차에 가루비누 정성껏 풀어 세차를 하고 있었다. 세제 거품이 잠자리가 꼬랑지를 들썩거리는 바위 곁을 한참 맴돌다 스르륵, 숨 끊어지듯 물살과 함께 풀려 내려간다. 저 물을 우리가 마신다. 저 물로 우리 몸을 씻는다. 천천히 산 그림자가 길어졌다.

산골에서 어린 시절을 보낸 경험에 비추어 보면 이 숲 속에는 더덕이 숨어있다. 조금만 세밀하게 훑어보면 금방 찾아낼 수 있다. 더덕은 특유의 향기 때문에 멀리서도 얼마만큼 크고 몇 뿌리가 무리 지어 살고 있는지 쉽게 알 수 있다. 나는 이 숲길을 2년이 넘게 걸어 다녔으므로 더덕 넝쿨 하나 찾아내는 일은 맹감 열매 따먹는 만큼 쉬운 일이지만 그냥 지나치기로 마음먹었다. 야생 더덕뿌리를 캐 집으로 가면 가족들은 잠깐 탄성을 지를 것이고 고추장에 찍어 먹는다면 소주 반 홉 정도는 달게 비울 수도 있으리라. 그러나 더덕, 그 애잔한 꽃(도라지꽃과 비슷하다)과 동글동글한 잎과 쥐눈 닮은 씨앗과 손가락만 갖다 대어도 부러지는 줄기를 생각하고 그만두기로 작정했다. 이곳은 산세가 낮고 부드러워 더덕이 살기에는 적당한 땅이 아니다. 야생 더덕은 산이 높아 춥고, 그늘지고 서늘하여 적당히 습기가 있는 곳에서 잘 자란다. 어디에서 어떻게 날아온 가족인지 모르지만 씨앗이 자꾸 자꾸 퍼져 산책길에 더덕 향기가 솔솔 풍겨왔으면 좋겠다.

ⓒ김기돈

이 숲길, 미끄러지면서, 넘어지면서 오르내렸지만, 꽃 한 포기, 나뭇가지 하나 함부로 대하지 않았지만, 산밤이나 도토리 한 톨 집으로 가지고 오지 않았지만, 내 이 숲길을 걸으면서 죄 많이 지었다. 우선 큰 돌을 밟아 자갈을 만들어 굴러다니게 했고 나무와 풀 위에 두텁게 쌓인 흙을 밟아 무너지게 했으며, 그 무너진 자리에 드러난 뿌리를 밟아 말라죽게 방치했다. 그것뿐이랴, 함부로 뛰어다니고 헤매느라 내가 모르는 사이 발 밑에서 비명 한 번 지르지 못하고 죽어간 산메뚜기, 파리, 모기, 사마귀, 굼벵이, 개미, 나비, 잠자리, 풍뎅이, 무당벌레, 지렁이들을 비롯하여 셀 수도 없는 무수한 생명들을 생각하면 잠이 오지 않는다. 돌이 깎여 나가고 흙이 패이고 나무가 죽으면 숲은 곧 황폐해지리라. 비바람과 눈보라에 상처가 나면 누가 이 숲을 치료해준단 말인가. 바람과 별과 새와 구름은 또 어디에서 쉬었다 간단 말인가. 벌써 먼저 떨어진 나뭇잎들이 우수수 숲길 위에 나뒹군다. 겸손해지자. 더 낮게 구부리고 조심스럽게 걷자.

머나 먼 하늘 호숫가에
한 즈믄 해가 두 노을을 걸머지고 넘어가는구나.

/

하이얀, 하이얀, 하얀 길을 나홀로 걸었다. 땡볕 속 하이얀 길을 나 혼자 걸었다. 일쩍 떨어진 개오동잎 엎어진다. 저 연초록 우산을 받고 멀리 멀리 떠났으면…. 사랑하는 이여, 어디까지 걸어야 이 갈증은 멈추는가. 저기, 염화시중 미소 머금고 물 대신 소금 들고 마중 나오는 이여.

/

패이고 갈라지고 휘어진 길이었다. 울며불며 걸었던 길이다. 찔레 먹고 산때왈 따먹는 사이, 여름이 가고 가을이 왔다. 산밤 주워 먹고 다래 따먹는 사이, 가을이 가나보다. 버쩨 따먹던 산벚나무 밑은 낙엽이 붉고 바람 소슬하다. 한 세상 빠르게 흘렀구나. 비틀거리면서 무얼 바라고 여기까지 왔는가. 도깨비바늘 끈질기게 따라 붙는다. 나도 그대 바지 자락 어디쯤 꽂혀 먼 먼 세상으로 따라가고 싶었다. 그런 날들이 많았다.

오늘 코스는 공설운동장. 잘 익은 벼들이 숙연하다. 힘들었던 때 지나 봄과 여름에게 묵념하고 있는 자세다. 네 모서리를 낫으로 베고, 콤바인이 미끄럼을 타자 금방 빈 논이 민낯을 내민다. 저렇게 한 일생이 저문다. 수숫대도 꺾고, 밤 떨어지고, 고구마를 캔다. 나는 무엇을 수확했는가. 저 논에서 나는 누룽지 냄새, 저 밖에서 나는 들깨 냄새를 잃었다. 땀 흘리며 묵묵히 일하는 사람들을 잃었다. 나는 많은 것을 잃었다. 빈털터리 지나가는데 소리, 요란할까봐 조심 조심 걸었다. 어깨 낮추고 걸었다.

/

때늦은 후회다. 체감온도 영하 20도, 강추위 속 걷는다. 뜨거운 눈물, 바람 쪽으로 한 움큼, 강물 쪽으로 한 움큼 밀어 넣는다. 전깃줄이 울었다. 자작나무 가지가 울었다. 좌탈입망, 백골로 흔들리는 갈대가 울었다.

길은 강을 따라 흐른다.
강은 혼자서
머물다 뒤척이고 깨어나고
또 고여 있다가 소리 죽여 울기도 하지만
길을 불러 앞세우지는 않는다.
길은 강이 없이 흐를 수 없지만
강은 외로움을 혼자 삭힌다.

나는 그대에게

강인가.
길인가.
바람인가.

나무

숲은 바람이 흔드는 것이 아니라 새들이 흔든다. 숲은 온 종일 새들이 수런거리는 말의 집이다. 수런거리는 말(言)의 잔칫날, 그래서 숲은 한시도 쉬지 않고 중얼거린다. 숲은 가두는 게 아니라 죄 풀어놓는다. 열려있다. 그 안에는 참깨, 들깨 쏟아지는 말소리가 온종일 눈부시다. 숲은 말씀(言語)의 사원이다.

나무의 그림자는 땅을 그리워하며 땅을 닮아가지만 나무의 마음은 하늘을 그리워하며 하늘을 닮아간다. 연기가 나무에서 빠져나가는 것을 본 적이 있는가. 연기는 나무에서 빠져나가는 혼이다. 나무의 연기는 나무의 혼이다. 나무는 죽어서도 그림자를 끌고 다니려고 한다. 연기도 그림자가 있고 구름도 그림자가 있다. 연기가 제 몸을 송두리째 바람 살 속으로 집어넣었을 때 나무는 드디어 완벽한 해탈을 맛보게 된다. 진정한 자유를 누리는 것이다. 보아라, 저 나뭇가지 사이를 자유롭게 드나드는 바람의 살을 보아라, 바람의 결을 보아라. 바람은 나무가 자신의 그림자를 미련 없이 떼어버릴 때 비로소 혈관에 핏줄이 돌아 생명력을 얻는다. 바람의 선명한 핏줄이 햇살을 받아 나무를 감싸고돌면 나무는 자신의 몸이 향기이며 노래이며 파도소리로 이루어진 악기라는 것을 깨닫는다. 땅 속의 물소리를 끌어올리는, 천상의 물소리를 끌어내리는 거대한 구멍이라는 것을 깨닫는다. 나무는 하늘과 땅을 연결하는 거대한 물관이다. 물의 관, 관물!

©전재원

거친 밥 원망 말아라
수수만년 돌밥 먹는 소나무도 있으니
돌 씹어 먹으며 푸른 똥 싸는 소나무도 있으니,
돌 빨아먹고 푸른 꽃 피워 내는 소나무도 있으니.

/

나무는 부처님이다. 바람이 오면 오느라고 얼마나 고생했냐 딱 한 마디 하더니 묵묵부답이다. 비가와도 눈이 와도 눈도 꿈쩍 안 한다. 속으로는 오냐 오냐 그래그래, 말이 없이 평생을 통하는 얼굴 표정만 봐도 금방 알아듣는 구도자의 마음이다.

나무는 가슴속에 얼마나 들끓는 말을 숨기고 있는지, 열에 들떠 입술이 터지고 까맣게 탔다. 비바람 불어올 때 나무의 입은 격렬하게 움직인다. 할 말을 다 못하고 안으로 숨길 때는 옹이가 생긴다. 상처를 씻어내는 방법은 옹이밖에 없다. 퍼내고 퍼내어도 고여 있는 상처, 급기야 나무는 자신의 몸을 분지른다. 옹이는 상처를 퍼 올려 응고된 집이다. 단단해서 오래 버틸 것 같지만 의외로 쉽게 부러진다. 바람이 불면 옹이 근처가 먼저 꺾어진다. 외마디 비명이 최후의 유언이었다. 나무는 궁극에 가서는 침묵을 지향한다. 불 속에서 뼈 터지는 소리, 화장장 굴뚝을 넘어 멀리 퍼져 나간다.

저렇게 쉽게 무너지는 것을, 저렇게 얕을 수가 있을까. 풀이라고 믿었던, 울창한 숲이라고 믿었던, 질긴 뿌리가 억세게 거머쥐고 있으리라 믿었던 산이, 저렇게 쉽게 사태가 나다니, 사람의 한 일생이 저렇게 쉽게 떠내려가다니, 휩쓸려가다니, 묻혀 버리다니, 꽥 소리 한번 지르지 못하고, 숨 한번 쉬지 못하고, 흙더미 속에 깔려 죽다니.

/

며칠 째, 공공근로 하는 아저씨들이 뒷산 전체를 기계톱으로 간벌을 한다. 기계톱 소리가 비명처럼 들린다. 통째로 쓰러진 소나무 밑동에는 촛농처럼 송진이 굳어있다. 순교한 이차돈도 저렇게 피를 흘리며 쓰러졌으리라. 누천 년을 이어온 피 냄새가 산등성이까지 퍼져 나간다. 그 피 핥아먹고 반만년 살아온 후손들이 선조들의 목을 겁도 없이, 함부로 베어낸다. 건강한 숲을 위해서는 솎아내는 일이 당연하지만 여기저기 쓰러진 나무들을 보면 전쟁터에서 숨진 병사들이 생각난다. 벌초가 끝난 무덤가에 산 나리꽃 한 송이 아슬아슬하게 매달려있다.

세월이 아무리 변해도 저 나무 타는 냄새는 변하지 않을 것이다. 세월이 아무리 변한다 해도 저 나물 삶아 무치는 냄새는 변하지 않을 것이다. 세월이 억겁 흘러 바위가 모래가 된다 해도 저 잉그락 위에 끓고 있는 토장국 냄새는 변하지 않을 것이다. 세월이 무한량 흘러 뽕나무밭이 바다가 된다해도 가마솥에 붙어있는 숭늉 냄새는 변하지 않을 것이다. 변하지 않을 것이다. 오랜 봄가뭄 끝에 후두둑 단비가 내릴 때, 훅 하니 폐 속으로 빨려 들어온 흙 비린내, 세월이 아무리 흘러 은하수 건너 저 별들이 다 타서 없어진다 해도 변하지 않을 것이다. 변하지 않을 것이다.

/

나뭇잎은 더 이상 햇살을 반사하지 않는다, 숲이 성글어졌기 때문이다. 햇살은 짧고 깊게 숲속을 쪼른다. 헐거워지면서 단단해지는 가을 숲, 바닥까지 환하게 보인다. 가을은 밖에서보다 안에서 먼저 문을 걸어 잠가야 한다. 그래야 내부의(마음속) 숨소리를 똑똑히 들을 수 있다. 풀벌레 소리 점점 깊어간다.

그곳에 뜬 낮달

등 구부러진 섣달,
눈보라는 내설악 쪽으로 거슬러 올라가고
얼음장 밑 강물은 서쪽으로 서쪽으로 흐른다.

너는 도대체 어디에 있느냐?

산은 오돌개와 때왈이 지천이다. 땀을 식히며 군데군데 따먹다 보니 예상시간보다 훨씬 늦었다. 이걸 뭐라고 말을 해야 좋을까? 색에 홀려, 술잔에 홀려, 도끼자루 썩는 줄 모른다면, 그만큼 늦게 도착한다는 뜻인데, 삶의 엄정함에 비한다면, 누가, 나는 그렇지 않소, 할 수 있을까? 누가 있어 저 도발적으로 피어있는 산때왈을 오돌개를 따먹지 않고 버티겠는가. 거시기 잡기는 패가망신이라는 말이 있지만, 하늘이 내린 성정을 이긴 성인은 도대체, 이 세상에서 몇 명이나 될까? 등산객들이 따먹느라고 숲 헤친 표시가 선명하다. 또 앞뒤에서 여러 사람들이 개복숭이나, 버찌를 따느라 소란하기 이를 데 없다. 성왕사 조금 못미쳐 방목장에서 흰 염소(혹 산양이 아닐까)를 보았다. 산장(관리사인듯)에서는 늘 라디오 소리가 고즈넉한 숲을 일깨운다. 심심하면 뭉게구름 흘러가는 것을 보면서 큰 개가 컹컹 짖는다. 이승에서 볼 수 없는 풍경이다.

늦게 지팡이 들고 가야산 임도를 걸었다. 두 시간 남짓 가벼운 걸음이었는데 고라니 똥이 곳곳에 보인다. 윤기 자르르한 걸 보니 내장이 깨끗하겠구나. 그 맑은 산에 가서도 오욕칠정에 눈 어두운 냄새나는 가죽부대를 어쩌지 못하는 내가 한심했다. 바위는 오직 엎드린 자세 하나로 수수만년 기도를 올리고 있다. 척추강직이나 허리디스크, 퇴행성관절염 같은 것들은 두려워하지도 않는 자세다. 바위처럼 경건한 신도를 본 적이 있는가?

/

백담사에 다녀왔다. 숙소에서 백담사 입구 주차장까지는 약 2.5킬로미터 정도, 거기서 이천 원을 내고 마을버스를 탔다. 버스는 근 20리 길을 계곡을 끼고 굽이굽이 달렸다. 비취색 계곡물, 바위를 빨아먹고 사는 소나무와 참나무들, 빠알간 마가목 열매, 벌써 봄을 예비하고 있는 버드나무와 목련을 만났다. 백담사는 낮게 엎드려 있었다. 누가 감옥 생활을 했다는 것인가. 신선놀음이 따로 없지. 이렇게 산 좋고 물 좋은 곳에서 정갈한 사찰음식 먹고 장작 패고 운동도 했으니 한 십년 정도 수명이 늘었으리라. 그 번쩍거리는 대머리를 죽비로 한번 피나게 내리치고 싶었다. 꼭 한번 와보고 싶었다. 물소리를 듣고 싶었다. 그대와 함께 도란도란 얘기하며 오세암까지 걷고 싶었다.

　눈이 내린다는 예보였는데 비가 왔다. 거친 파도를 보고 싶어 속초 앞 바다에 섰다. 영금정 바위를 깨뜨릴 듯 파도가 높았다. 돌아보면 외설악이, 울산바위가 최후의 묵시록으로 보였다. 동쪽 하늘은 먹장구름 가득하고 거악들은 시커멓게 지상을 내려 보고 있었다. 지구가 망한다면 바로 이런 모습 아닐까. 파도는 육지를 덮치고 하늘은 무너지고 거악들은 폭삭 주저앉아 온 세상이 한바탕 불바다 물바다가 된 다음 블랙홀 속으로 빨려들면 이 세상은 끝나는 것이다. 먼지 하나 남지 않을 것이다. 흔적 없이 사라질 것이다. 어떤 생명도 발붙일 수 없는 이 먼지 속에서 희로애락과 오욕칠정에 사로잡혀 오늘 웃고 내일 울고 하는 것이다.

눈이 내려 쌓였다. 길가에는 더 두텁게 쌓였다. 눈 녹은 물이 살얼음이 되어 버석거린다. 내 발자국에 내가 놀라면서 걷는다. 강물은 새벽에도 쉬지 않는다. 달은 말라간다. 말라가면서도 티 없이 맑은 달. 강원도의 나무들은 저 달빛을 생짜로 받아먹고 울울창창해졌으리라. 한 방울 남김없이 자식들에게 다 쥐어짜주고 육탈되어 빛나는 새벽달!

/

강원도의 나무들은 휘어진 게 별로 없다. 가파른 비탈에서도 수직을 고집한다. 훤칠하다. 나래비 서 있는 수직의 나무들 틈새로 곡선의 바람이 스며든다. 파도 냄새가 난다. 바다 냄새가 난다. 산기슭까지 물결이 찰랑댄다. 바짝 마른 산이 젖기 시작한다. 알을 키우기 시작한다. 울기 시작한다. 강물은 나무가 낳은 치어들이다. 서쪽으로 서쪽으로 흐른다. 해를 따라 해가 지는 쪽으로 흐른다.

ⓒ 김기돈

침엽수들이 수직으로 도열해 있는 강원도까지 왔다. 영봉에는 안개가 가득 피었다. 강은 차고 맑았다. 속이 훤히 들여다보인다. 눈물이 쏙 나올 정도로 춥다. 서남쪽 활엽수의 나라에서 동북쪽 침엽수의 나라로 왔다. 내 원적지는 시베리아였다. 귀환이다. 잊힌 침엽수의 광활한 벌판이 내 모국이었다. 혹한의 얼음이 나를 키웠다. '나는 자유다' 조그맣게 외쳤다.

/

점집 골목을 지나 등성이를 넘자 청련사라는 조그마한 암자가 나온다. 푸른 연꽃이다. 과연, 층층 다랭이논 맨 위에 삿갓 연못이 있다. 세 무더기 연꽃이 피었다. 가끔 금붕어가 보인다. 절 앞 언덕에는 앵두가 쏟아질 정도로 달렸다. 어제는 두 주먹 따먹고 오늘은 그냥 지나친다. 먹음직스럽다고 거듭 따 먹을 순 없다. 그냥 보는 것만으로도 좋은 사람이 있는 것이다. 마음 환하게 밝아오는 사람이 있는 것이다. 꺾어 내 것을 만든다는 것은 집착이라는 병, 되돌려주어 바라보는 마음이 더 아름다울 수 있다. 한쪽에서는 밤꽃 향기에 잠 못 이루는 또 다른 내가 맹렬하게 다른 생각을 뜯어먹고 있다.

십이선녀탕까지 걸었다. 마가목 빨간 열매가 눈 위에
떨어졌다. 다리 밑에서는 얼음을 뚫고 낚시하는 사람들
이 보인다. 덥석 물어 끌려나올 것인가, 낚시 줄을 과감하
게 끊고, 나갈 것인가. 어떤 경우에라도 끌려가서는 안 된
다. 내가 주인이다. 내가 주인 되어, 내가 이끌어가는 것이
다. 끌려가는 삶은 추하다. 내가 주인인, 내 다리의 주인인
내가, 당당히 걸어가는 것이다. 다리에 힘 있을 때, 걸어야
한다. 많이 걸어야 한다. 낙타는 사막에서도 쉬지 않는다.

/

한계령까지 내처 올라갔다. 무모한 도전이다. 계곡에는
얼음이 얼어 흰 물길 자국이 뚜렷하게 보인다. 나는 여기
까지 무엇 하러 왔는가? 어둠이 내리면서, 눈보라가 몰아
치기 시작했다. 정상에서는 몸도 가누기 힘들 정도로 흉
폭하다. 광폭하다. 사실, 나는 눈이 너무 많이 내려 갇히기
를 원했는지 모른다. 저 눈보라 속에 온몸, 온 허위를 통째
로 던져버리고 싶었는지 모른다. 눕고 싶었는지 모른다.
파묻히고 싶었는지 모른다.

내설악은 높고 외롭고 웅장했다. 거칠고 황량한 바람이 외설악 쪽으로 몰려갔다. 눈은 한 달 두 달 석 달 간이나 내렸다. 한 번 내리면 천 년이나 만 년이 지나도 녹지 않을 것처럼 내렸다. 지난여름 태풍에 휩쓸려 내려온 돌 위에 눈이 쌓이면 하룻밤 사이에 수많은 봉분이 솟아올라 거대한 공동묘지를 만들었다. 그러니 저 돌들은, 무덤을 끼고 도는 얼음장 속 강물은, 거칠고 쓸쓸하고 황량하기 짝이 없는, 무뚝뚝하다 못해 퉁명스럽기까지 한 강원도 땅에 유일한 모성 아닌가. 남자들은 대부분 저 풍만한 젖통에 얼굴을 묻고 죽기를 소원한다. 그러니, 저 봉분들은, 물의 흐름을, 물의 울음을 알고 있을 것이다. 중력의 법칙을 거스르는 유일한 반체제 작가인 나무의 기원을, 나무의 본적지를 알고도 남을 것이다.

고승들의 사리는 부도탑 안에 갇혀 무기징역을 사는데

국수사리 냉면사리 라면사리는

즉결재판 받고 바로 나온다

구부러지거나 휘어져 나온다

후루룩 사리를 들이키면

입안에서 강물이 흐른다

얼음장 밑으로 흐르는 강물은 동치미보다 시원하다

다시 한 입 가득 똬리 튼 사리를 삼킨다

돌 속에 갇혀 천 년 세월을 보낸

물의 사리들이 입 안 가득 퍼져 나간다

구부러지면서, 휘어지면서

영원히 마르지 않는 육수,

얼음바다 속으로 투신한다

추가사리까지 게 눈 감추듯 먹고 나자

아이스크림이 디저트로 나온다

인심 좋은 폭설 다비식이다

강가의 돌들이 불을 뿜는다

눈 뒤집어 쓴 돌의 시신이 타오른다

새파란 연기가 솜사탕처럼 피어오른다

사리는 탑에 모시는 게 아니다

갈아 마셔 뱃속에 모셔야 든든하다

한 끼 잘 때웠다

비가 내린 뒤 숲 속은 어떤, 정밀한 냄새가 난다. 그 냄새는 너무 정밀해서 코가 적응하지 못할 때도 있다. 안개가 희끄무레했다. 저 안개는 알(싹) 부화하길 갈망하는 수컷이 뿌려놓은 정액이다. 보름 정도 지나면, 연초록 알들이 눈도 생기고 혈관도 생기고 꼬리도 생겨, 꼬물꼬물 올라오리라. 이 숲길 근 20년 가까이 걸었다. 왼쪽으로 가면 옥녀봉 정상, 길은 넓고 사람은 많다. 오른쪽으로 꺾으면 성왕사 고개 넘어 구치소 앞까지, 왕복 3시간 정도 걸린다. 찔레가 새순 길어 올리는 봄, 산딸기가 지천인 늦여름, 산밤 떨어지는 가을에는 4시간 넘게 걸린다. 반달곰 한 마리가 느릿느릿 움직이기 때문이다. 인적 드물고 거친 뒷길이 좋다. 혼자라서 좋다.

ⓒ전재원

한 번도 입을 연 적 없는 바위는 얼마나 많은 말들을 간직하고 있을까. 저 돌 속에는 박새나 콩새, 참새의 작은 발자국들이 찍혀 있을 테고(깃털 속 온기도 남아있을 터이고) 한 세상, 누굴 향해 큰 소리 한 번 쳐 본 적 없는 작은 물고기의 아가미가 숨 쉬고 있을 테고 소라나 고동, 인간이 되지 못한 파충류나 유인원의 뼈가 묻혀있을 것이다. 강물이 나무 잎사귀에 수억 년 전 편지를 써서 눈과 얼음장 밑으로 우송하는 까닭은 해와 달과 별과 바다의 비밀을 잘 알고 있는 까닭이다. 모래와 자갈과 안개와 구름 생일을 꼬박꼬박 기억하고 있기 때문이다. 이슬 한 방울이 지구 한 귀퉁이를 휘청 들어올린다. 퉁퉁 불은 강물을 빨아먹은 돌의 배가 봉긋 솟아올랐다. 돌이 트림을 한다. 오래 오래 등 두드려 주는 바람.

폭설이다. 눈은 소리를 잡아먹는다. 물소리도 들리지 않고 바람 소리도 귀 먹고, 46번국도 자동차 소리도 먹어치웠다. 새들도 소리 없이 내려앉는다. 개 짖는 소리는 구만리 장천, 어디 저승쯤에서 혼 부르는 소리처럼 들린다. 화답하듯 이승에서는 닭 우는 소리 희미하다. 나무는 늘 그렇듯이 책임감 강한 큰형처럼 서 있다. 저 두텁게 쌓인 눈이 녹아 그대 가슴 속까지 흐르려면, 얼마나 많은 시간이 흘러야 될까. 백담사 입구 다리에 서서, 내리는 눈 노박이 맞으며, 강 한복판을 뚫고 흑구렁이 기어가듯 흘러가는 강물을 바라보고 시 한 편을 쓴다. 편지 한 통을 쓴다. 강물에 띄웠다. 눈 맞은 편지 금방 녹아든다. 녹아서, 착해서, 선해서, 마음 약해서, 정에 약해서, 상처 많은 그대에게 스며든다. 귀먹고 눈멀어도 용서하고 사랑하자고 녹아든다.

그날 새벽

이건 하나의 병이다. 새벽 3시 조금 넘어서 깼다. 1시 넘어서 잤으니 두 시간을 채 못잔 셈이다. 깊은 잠을 이루지 못하는 건, 잡생각이 많아서이다. 그것도 전혀 엉뚱하고 터무니없는 것들이다. 술이 없으면 늘 이렇게 토막잠이다. 꿈속에서 다리골 우리집에 쇠내(금천) 육촌 형님(왜 이름이 생각나지 않을까)이 오셨다. 폭삭 늙었고 얼굴이 까맣다. 나는 육촌 형님을 붙잡고 오래 울었다. 물론 아버지가 돌아가신 거다. 심신이 쇠약해졌다는 증거다. 밤새는 새도록 운다. 이 표현은 틀렸을지 모른다. 저 새는(휘파람 부는 듯 들린다) 애타게 짝을 찾고 있는지도 모른다. 비몽사몽, 다시 꿈을 꾸었다. 다리골에서 면소재지까지 사차선 도로가 뚫렸다. 길은 그렇게 꿈속에서도 곧고 넓어졌는데, 나는 걸어가고 있었다. 과수원 모랭이를 돌기 전에 거대한 곱돌공원이 나타났다. 냇가에는 비취색 물이 사정없이 꿈틀대며 흐르는데, 강폭이 50미터는 넘어 보였다. 실제로는 기껏해야 몇 미터밖에 안 되는 좁은 도랑에 불과한데, 꿈속에서는 거대한 물줄기가 물보라를 일으키고 넘실대고 있었다. 그 옆에다가, 곱돌 조각공원을 세울 예정인지, 바닥돌을 평평하게 다듬어놓고 있는 모습이 또렷했다. 나는 돌기둥을 세울 그 자리에서 작은 곱돌 하나를 주웠다. 물고기 같기도 했고 비행기 모양 비슷한 쑥색 곱돌이었다. 표면을 돌에다 갈아 좀 더 부드럽게 다듬어

집(서산집)으로 가져오려고 했다. 그걸 집에 모시면, 고향을, 부모님을, 부처를 모시는 일이라 생각했다. 겨우 새벽 4시를 넘겼다. 신문이 오려면 30분이나 더 기다려야 한다.

/

새벽에는 기도할 뿐, 새벽에는 오직 몸을 정갈히 씻고 무릎 꿇는 일 밖에는, 새벽에는 너그러워지는 것. 새벽에는 오직 모든 것을 용서하고 용납하고 감싸 안고 사랑하는 것. 새벽에는, 그리고, 새벽에는 에잇, 좆 꼴리는 것, 그리하여 새벽에는 오직 안개가 주인일 뿐.

/

첫닭이 홰를 쳤다. 까치가 깨운다. 참새가 야단이다. 빨리 일어나라고 야단이다. 장끼가 아침을 내다 넌다. 훨훨 턴다. 까마귀가 아침인사를 한다. 하루가 밝았다. 홀아비 살림, 밤새 눈두덩이 소복하게 부었다. 아침이 또 그렇게 빚쟁이 찾아오듯 찌푸린 얼굴로 찾아오고 말았다.

잠이 안 온다. 새벽 지나 아침인데 아침 지나 햇살 퍼지는데 햇살 퍼져 바람 불어 터지는데 바람 불어 구름면발 굵어지는데 구름면발 굵어져 하늘 솥 그들먹해지는데 하늘 솥 그들먹해져 땅 위의 생명들 입 벌리고 노래하는데 싹이 돋는데(돋아 오를 것 다 돋아 오르는데) 초록세상 초록융단 펼쳐지는데 잠이 안 온다.

/

오래 전에 그 사내는 길 위에서 쓰러졌다. 바람이 길게 그를 눕혔다. 나무 나이테 속 물관이 10킬로그램의 물을 30미터 높이의 나뭇잎까지 끌어올리듯 그도 혼신의 힘을 다해 뼈만 남은 몸에 술을 머리끝까지 끌어올리며 살았다. 슬픔이 그의 처방약이었고 애간장 녹일 듯한 노래가 그의 음식이었으며 걷는 일이 그의 옷이었다. 휘청거리는 일이 곧바로 서는 일이었다. 행려자의 죽음은 재빨리 화장되어 강가에 뿌려졌다. 술사리 몇 타래가 강물에 흘러가며 반짝거렸다.

거미는 허공에다 집을 짓는다. 내장을 꺼내 집을 짓는다. 거꾸로 매달려 집을 짓는다. 짐이 무거우면 벗어 던지면 그만이다. 그러나 벗어 던지면 삶이 없다. 누가 당신에게 짐을 짊어 줬는가. 스스로 짊어진 짐이다. 자기가 감당할 만큼 지면 된다. 자기 몸에 알맞은 지게를 선택해서 알맞은 짐을 져야 한다. 오래 걸으려면 튼튼한 멜빵을, 굳건한 어깨와 강인한 장딴지가 필요하다. 당신이 짊어진 짐은 가벼운가, 무거운가. 거미는 까마득한 허공에 거꾸로 매달려 집을 짓는다.

빨래집게가 힘이 없다면 그거 한마디로 잘라야 되지 않을까! 빨래집게가 가장 빨래집게다울 때는 어떤 바람이 불어도 어떤 태풍과 폭풍과 악천후에도 끈질기게 빨래를 물고 있어야 하는 것 아닐까. 빨래집게가 아무런 이유 없이, 별 볼일 없는 충격에도, 빨래를 놓아 버린다면, 빨래줄에 아무 흠이 없는데도 빨래를 자주 떨어뜨린다면 주인이 볼 때 황당하지 않을까. 참새가 아닌 빨래집게가 빨래줄에 줄지어 선 이유가 무슨 인테리어 감각 때문이랄지, 햇빛과 바람을 마음껏 즐기며 일광욕을 하라는 일은 아닐 것이다. 선문답하는 산중의 스님처럼 허공과 바람을 물어뜯으라고 걸려있는 것은 더더욱 아니다. 빨래집게는 오로지 빨래만을 위해 존재한다. 빨래가 날아가지 않게 감독하고 햇빛과 바람을 골고루 쐬면서 잘 마르기 위해 매달려 있는 것이다. 그 어떤 어명이라고 빨래를 놓는단 말인가. 한시도 헛눈 팔면 안 된다. 즈이가 무슨 눈이 달려 있어 지나가는 아가씨 젖가슴이라도 훔쳐본다는 말인가. 호떡을 먹는가, 오뎅을 먹는가, 순대를 먹는가, 오리만큼이나 작은 입으로 막걸리라도 마신 적이 있던가. 아무런 이유 없이 빨래집게가 빨래를 놓아버린다면, 폐기처분해 마땅하다. 의원면직은 너무 사치스럽고 정리해고도 아까운 말이다. 그런 빨래집게는 파면이 적당하다. 왜냐하면 본때를 보여야하기 때문이다. 이세상의 모든 빨래집게가 합

당한 이유 없이 빨래를 싱겁게 떨어뜨린다면 도대체 빨래 줄이 필요 없는 세상이 오기 때문이다. 허공에 빨래 줄이 걸려 있는 까닭은 줄광대의 묘기를 위해서도 아니고 참새를 위해서도 아니요 잠자리들 낮잠을 위해서도 아니고 오로지 빨래를 지상의 이물질 묻히지 않고 바람과 태양광선을 가장 적절하게 이용해 말릴 수 있기 때문이다. 빨래집게가 없는 빨래 줄도 외롭지만 빨래 줄 없는 시골집 안마당도 아름다운 풍경은 못된다. 빨래 줄이 없다면 사람들은 잠시나마 자기의 혼백을 허공에 풀어놓을 수 없다. 돌위나 풀밭이나 나뭇가지에 걸어놓는 것은 유목민이나 하는 짓이지, 하긴 모든 인간들은 천성이 유목민이긴 하지만. 어쨌든 빨래집게가 거꾸로 매달려 온몸의 피가 눈알로 몰려 결국은 혈관이 터져 죽는 일이 있어도 절대로 빨래를 물고 있는 이빨을 풀지 않는 이유는 저 지독한 삶에 대한 애증이리라. 독한 짐승 사람을 보아라. 죽은 지 몇 백 년, 혹은 몇 천 년이 지나 뼈만 남아 있어도 이빨만큼은 흙을 끝까지 물어뜯고 놓아주질 않고 있더란 말이다. 하긴 죽어서도 무엇인가 꼭 물고 있어야 직성이 풀리는 인간들의 쓸쓸함이란…. 장동마을 시골집 안마당에는 고추와 참깨와 함께 빨래 마르는 소리, 뼈처럼 희고 눈부시다.

ⓒ김기돈

한때 저 빨랫줄도 팽팽했던 적이 있었다. 고추잠자리 한 쌍 마루운동과 평행봉 체조를 거뜬히 넘겼다. 꼬리와 꼬리를 물고 접 붙었고 알을 슬기도 했다. 이 푸른 별에서 중력의 법칙을 거스르는 유일한 존재인 나무들이 팽팽했던 시간들을 증거했지만, 세월 앞에 장사가 어디 있겠는가. 오십이 넘자 배 나오고 가슴 처지고 허리 굵어지고 엉덩이와 종아리가 흐물흐물해지기 시작했다. 빨랫줄도 나이를 먹은 것이다. 축 쳐진 뱃살이 지상에 가까워졌다. 이제 안간힘을 써도 이슬 한 방울 받기가 어려워졌다. 헐거워지면서, 느슨해지면서, 혼이 빠져 나가면서, 흔들리는 저 빨래줄, 빨랫줄에 매달려 늙어가는 헌 옷들. 혼백들.

/

아부하는 데에는 의자를 따를 자가 없다. 그는 오로지 떠받들기 위해서 태어났다. 오로지 주인을 위해서 전 생애를 건다. 누가 앉든지 차별하지 않는다. 일편단심이다.

'새 소리는 어떻게 참지?' 이 무슨 시적(詩的)인 얘기인가. 개 짖는 소리 때문에 스트레스 받아 항의하는 내게 윗집 아저씨가 반문하는 소리다. 아뿔싸, 졌다! 완벽하게 졌다. 하긴 개는 짖는 것으로 존재감을 얻는다는 아랫집 젊은 개새끼도 있다. 새 소리와 개 소리가 인간 청각에 미치는 영향에 대해 과학적으로 분석한 적이 없는, 그 방면에는 무지에 가까운 내가 진 거다. 생활쓰레기를 페드럼통에 태우는 것을 보고 항의하는 내게 '그러니 어척헌대유' 하던 옆집 아주머니가 그나마 더 인간적이다. 숲이 좋아 이사 왔던 내가 땅을 치고 통곡할 판이다. 옮겨야 할 때가 온 것이다. 아카시아 샘물을 너무 오래 먹었다. 꿀은 독이다. 달콤한 꿀에 취해 저 막무가내를 키웠구나. 뻔뻔함에다 거름 주었구나. 한 20년 글 써서 밥 벌어왔지만, 이런 무례는 처음이다. 오늘 졌다. 완벽하게 졌다.

저 쓰레트 지붕 처마 밑에
나란히 기대 서 있는 가스통이여
한 어머니 탯줄에서 자란 쌍둥이여
가스레인지 위에서 설설 끓고 있는 미역국이여
젖비린내 아련한 등불이여
도란도란 들리는 숟가락 부딪히는 소리여

/

죄 짓고는 못산다는 말이 새삼스럽게 떠오른다. 사람이 짧은 한세상을 살고 지나가는데 얼마나 많은 부침들이 있는가. 인연이란 이렇게 무섭다. 언젠가는 만난다. 외나무다리가 아니더라도 꼭 만난다.

/

더러운 손, 피 묻은 손, 슬쩍슬쩍 훔친 손, 마구 휘둘렀던 손, 훼훼 거절했던 손, 정액 처바른 손, 살살 비볐던 손, 무릎 꿇고 빌었던 손, 엎드려 절하면서 눈물 훔치던 손, 지가 지 무덤을 파고 있는 손.

새는, 안쓰러울 정도로 적게 먹는다. 씨앗이나 벌레 작은 물고기를 먹고 산다. 육식을 하는 새는 손꼽을 정도로 적다. 적게 먹는 만큼 불필요한 근육이나 체지방이 없다. 더 높이 더 멀리 날기 위해서 약간의 과식은 하겠지만 인간처럼 탐욕스럽지는 않다. 꼭 필요한 만큼만 먹는다. 1990년도 이후 북한에서는 식량부족으로 인한 굶주림과 영양실조로 4백만 명 가까이 인구가 줄었다고 한다. 그 중에는 죄 없이 굶어죽은 어린아이가 얼마나 많았는지. 그런데 말이다, 같은 말과 같은 피를 가진 남쪽에서는 하루 1만2천 톤 가량의 음식쓰레기가 버려지는데 그것을 돈으로 따지면 연간 15조원이 넘는다고 한다. 하늘을 나는 새를 보라. 저렇게 적게 먹고도 온 하늘을 지배하고 자유스럽다. 무거우면 날 수 없고 많이 먹으면 병들어 일찍 죽는다. 나무와 풀은 물과 흙과 햇빛과 공기만으로도 수천 년을 산다. 새의 몸에서는 잘 마른 햇볕 냄새가 난다. 바람 냄새가 난다.

음식 쓰레기를 버리는데 회색 점박이 고양이가 따라 오면서 운다. 이 숲 속에 흔히 보는 버려진 고양이다. 먹을 걸 달라는 눈치다. 없다, 그 흔한 생선 뼈다귀 하나 없다(나는 소극적 채식주의자다). 야옹아, 미안, 오늘은 다른 집에 가서 탁발을 할래? 내가 땀 흘려 일구어놓은 텃밭에 꼭 나 같이 생긴 사내가 흙을 갈아엎고 농사지을 채비를 하고 있다. 아카시나무 뿌리 캐내느라 얼마나 힘들었는데, 허락 없이, 슬며시 부아가 치밀어 오르는 걸 참는다. 내가 닦아놓은 길을 누군가 걷고 있으니 다행 아닌가. 내 것이란 얼마나 부질없는 말인가. 원래 자리로 되돌려주기 전, 잠시 빌려 쓰는 게 인생 아닌가.

/

개는 못 먹는 것이 없다. 사람이 먹는 음식이면 무엇이든 따라 먹고 사람이 먹지 못하는 가래침도 먹고 똥도 먹고 풀도 먹고 흙도 먹는다. 상하고 썩은 음식도 먹고 심지어 약 먹고 죽은 까치나 꿩도 먹는다. 먹고 난 다음에는 아무데서나 잔다. 개똥밭에 굴러도 이승이 좋다지만 몰려오는 잠은 물리칠 수 없었나 보다. 방울이(시골집에서 기르던 개)가 죽었다. 잠자듯이 죽었다. 이젠 사람들이 몰려들어 개를 먹어치울 차례다.

ⓒ김기돈

개에 목줄을 매고 다니지 않는다고 시비 끝에 사람을 죽였다는 뉴스가 나왔다. 우리 동네는 완전히 개판이 되었다. 앞집, 옆집, 뒷집 모두 개를 키운다. 삼면이 개로 둘러싸인 집에서 나는 점점 멍청해지고 있다. 가을날, 최고의 햇빛, 최고의 바람, 최고의 구름, 최고의 단풍 속에서 아주 미친놈이 돼 버렸다.

/

어린아이를 보면 쉬지 않고 움직인다. 자면서도 움직인다. 자라기 위해 움직인다. 모든 생명체들은 자란다. 자라기 위해서는 끊임없이 움직여야 하는데, 나는 어떠한가. 움직이지 않으면 죽는다. 정지는 죽음이다. 물속에서는 누구든지 움직여야 산다. 가만히 있는 놈은 상한 놈이거나 죽은 놈이다. 물속에서는 한사코 움직여야 산다.

저 놈들이 애써 차려놓은 밥상을 다 망쳐놓았구나. 벼락, 내 가슴에 떨어지는 천둥소리, 하느님의 고함소리.

/

태풍 〈프라피룬〉이 휩쓸고 간 숲은 전쟁터가 따로 없다. 폐허다. 20미터가 넘는 소나무가 수없이 쓰러졌다. 일부는 중동이 꺾여 처참했고, 대부분은 뿌리째 뽑혀 넘어졌다. 뿌리가 저렇게 힘이 없다니, 가만 들여다보니 소나무 뿌리는 단순 무식하다. 굵기만 했지 깊이 뻗어나가지 못하고 잔뿌리가 별로 없다. 키가 작고 둥치가 가늘게 휘어진 잡목들은 뽑히지 않았다. 꼿꼿하게 서 있으려는 고집이 저 소나무를 넘어지게 했으리라. 바람에 저항하고 싶은 힘이 저 소나무를 뽑히게 했으리라. 시큰하게, 허리 근처에서 실치떼들이 맹렬하게 헤엄쳐 다닌다.

/

어둠의 껍질을 벗기고 어둠 속에서 살았다. 무덤처럼 포근했다. 어둠 속을 오래, 깊이 들여다본 사람만이 빛을 맞이할 자격이 있다. 그러나 오징어에게는 빛이 곧 저승사자이리라.

흐린 날, 부지런한 사람은 일하기 좋을 만큼, 게으른 사람 낮잠 자기 좋을 만큼 부슬비 내린다. 어느 순간, 정신이 번쩍 들어 산을 뫼셨다. 그새 숲길도 더 우거졌다. 길이 자그마해졌다. 산 꿩이, 산비둘기가 폭탄 맞은 듯 흩어진다. 땀이 팥죽 끓일 때 무쇠 솥에서 나는 물방울처럼 흘러내린다. 그런 물을 뭐라 이름 붙여 부르는데, 까먹었다. 수증기가 모아져서 솥뚜껑 아래로 흐르는 물방울 뭐라고 하는데, 까먹었다. 후배에게 용산참사가족돕기 후원금 오만 원 보내고 문인 시국선언에 참여했다. 싸리나무 꽃이 피었다. 수줍은 누이 치마 같은 꽃.

/

굴러온 것들이 나라를 다 망친다. 블루길, 베스, 황소개구리… 낚시로는 어림없고 그물로도 해치울 수 없다. 횟감으로 쓰자니 살이 퍽퍽하고 매운탕으로 끓이자니 국물 또한 퍽퍽하여 도대체 쓸만한 게 하나도 없다. 저것들이 토종을 다 잡아먹는다.

똥을 정면으로 볼 줄 알아야 밥이 정면으로 보인다. 나무를 정면으로 볼 줄 알아야 땅이 정면으로 보이고 땅을 정확하게 들여다보아야 벌레를 정확하게 볼 수 있다. 풀을 정면으로 볼 줄 알아야 하늘을 똑바로 쳐다볼 수 있고, 길을 두려워 않고 걸어봐야 사람을 정면으로 볼 수 있다. 너무 가까운 건 극명해서 제대로 못보고 중간은 어슴푸레해서 자세히 못보고 멀리 떨어진 것은 짙어서 눈이 흐려진다.

ⓒ김기돈

익숙한 동행

돌아가야 할 집과 가족이 있다는 것은 얼마나 행복한 일인가.

/

근 한 달 만에 산에 올랐다. 나무를 베어낸 길 쪽으로 깊이 땅이 패였다. 장마가 지나간 흔적이다. 상처가 나면서 낮아지는 산, 흉터가 아물면서 낮아지는 산, 어머니 마음도 저러하셨으리라.

/

산이 운다. 바람은 자지 않고 밤새 창문을 두드린다. 비명에 가깝다. 어머니는 아직도 밖에서 주무시나보다.

추녀 끝에서 떨어지는 낙숫물 소리는, 머언 옛날 우리 어머니 새벽에 일어나 군불 지피는 소리, 무쇠솥뚜껑 거꾸로 엎어놓고 부추 호박 깻잎전 부치는 소리, 봄 햇살 구구구 암탉 품에서 몰려나오는 병아리 소리, 버들가지 아래로 개구리 가재 버들치 살살 기어 다니는 소리, 갓 시집 온 새각시 가만가만 부엌에서 토방 오르는 소리, 막 젖뗀 아이 요강에다 오줌 누는 소리, 석 잠 잔 누에 뽕잎 갉아먹는 소리 닮았다. 저 소리의 젖을 빨아먹고 세상 만물은 귀가 커진다. 부처가 된다.

/

개구리가 운다. 오월 못자리가 탄다. 빨갛게 목젖이 부어올랐다. 계속되는 가뭄에도 개구리는 눈치 없이 운다, 운다. 그러다가 그러다가 정말 소나기라도 사납게 내린다면 때 이른 봄장마라도 진다면 무덤 없는 어머니, 당감동 산기슭에 뿌린 어머니, 산사태라도 나면 어쩌려고 저 눈치 없는 개구리, 밤새워 목젖에 피가 터지도록 운다.

내 어린 시절을 돌아보면, 울고 있는, 배가 고파 울고 있는 나밖에 보이지 않는다. 내 어린 시절은 매 맞는, 매 맞아 혼자 울고 있는, 엄마가 보고 싶어 울고 있는 나밖에 보이지 않는다. 쌀 비 내린다. 마늘 비, 보리 비, 감자 비, 땅콩 비, 생강나무 비, 조팝나무 비, 유채 비, 고추 비, 수수꽃다리 비 내린다. 해 저문 들판에 매어 있는 염소처럼 함부로 울었다. 갈 곳 없어 울었다. 찾아올 어미 없어 울었다. 돌아갈 집이 없어 울었다. 쑥물 토해내듯 내장을 토해내고 울었다.

/

일요일이어서 아이와 함께 걸었다. 아이가 묻는다.

"아빠, 아빠는 자연의 소리 가운데 어떤 소리가 좋아?"

"응, 그거야 새소리 벌레소리 바람소리 파도소리 눈 오는 소리, 엄청 많지. 한결이는 무슨 소리가 좋아?"

"응, 나는 사람이 숲을 지나갈 때 나뭇잎에 부딪히는 소리가 좋아. 그리고 이슬 떨어지는 소리도."

허허, 그거 참. 딸아이가 나보다 낫다.

강아지가 갑자기 죽었다. 아이와 나는 무릎을 꿇고 기도했다. 부디 좋은 인연으로 다시 태어나거라. 우수수 바람이 지나갔다. 문상객은 나무와 바람뿐이다.

/

칡잎은 소 발자국 닮았다. 느리게 걸어간다. 뚜벅뚜벅 걸어간다. 발자국에서 들큰한 호박죽 냄새가 난다. 쇠죽 끓이는 냄새가 난다. 무덤 쪽으로 난 길가에 칡넝쿨이 안간힘을 쓰고 행길로 나오려 애쓰고 있다. 사람이 그리운 모양이다. 칡꽃에서 아버지 담배쌈지 냄새가 난다. 닳고 헤진 소매 자락에서 풍기던 막걸리 냄새가 난다. 이제 그늘까지도 환하게 밝아오는 벌초 가는 길.

일요일 아침, 산에 올라갔다 왔더니 아내는 집안 청소를 말끔히 해놓았다. 청정하다. 하늘은 높고 구름은 엷고 단풍은 곱고 공기는 뽀송뽀송하다. 벌레들도 제각각 분주하다. 낙엽을 태웠다. 불꽃이 너울거린다. 매형 돌아가셨을 때 본 화장터 불꽃같다. 문득 지난해 추석 부산 큰집에 들러 보았던 다대포 밤바다가 생각난다. 불을 보고 물을 생각하다니. 구름은 바람을 몰아 파도를 잘게 저미고 있었다. 파도의 살이 희디흰 생선살이 되어 쓰러진다. 하늘에는 소주 색깔 별이 떠 있었다. 밤바다는 천천히 별을 마시고 파도를 섞어 삼킨다. 진짜 소주 맛 아는 가을 바다다. 밤을 꼬박 새운 바다의 눈엔 핏발이 서 있었다. 그 눈빛 받아 마시고 선지해장국 같은 벌건 해가 불쑥 떠올랐다.

/

어머니, 아버지 저도 어느덧 군불 피우는 나이가 되었습니다. 아내와 딸아이가 타닥타닥 나무 튀는 소리를 들으며 단잠에 빠져있습니다. 저도 저 붉은 세월 아궁이 속으로 따뜻하게 빨려 들어가 그때 그 시절 아버지 어머니 마음이 됩니다. 군불을 피웁니다. 그곳도 따뜻한지요. 붙잡아도 뒤돌아보지 않고 땅거미는 길게 산을 덮습니다.

비가 내려 숲에 가지 못했다. 빗속을 뚫고 아내는 출근한다. 새벽 5시 30분에 일어나 준비하고 포구까지는 자동차로, 포구에서는 한 시간 가까이 배를 타고 섬에 있는 직장으로 간다. 딸아이는 천리 먼 길 기숙사에서 생활하면서 보름에 한 번씩 집에 온다. 비 오는 집은 썰렁하다. 괴괴하다. 그러나 견뎌야 한다. 우리는, 각자의 각자다. 하나이면서 셋이고, 셋이면서 하나이고, 셋이면서 셋인 나무다. 그것도 운명이다. 저마다 빗방울을 받아들여야 한다. 빗방울 하나가 거대한 해일이 되어 몰려온다. 사력을 다해, 오늘이, 목숨 다하는 그날이라고 생각하며 맞아들인다. 등 두드려주고, 허리 마사지 해주고, 어깨 안마해주고, 가끔, 아주 가끔 귀 파주는 것! 밤늦게 귀가하는 숲에서 반짝 별이 뜨는 순간, 밥 뜸 들이는 소리 고소하게 퍼져 나간다.

ⓒ전재원

오랜만에 아내와 함께 걸었다. 우리는 어김없이 중년이 되어 버렸다. 우리의 화두는 살이었다. '쌀'이 아니라 '살'! 그리고 육체, 즉 몸이 화두가 되었다. 아프지 않고 살아남기, 건강하게 오래 살기. 이 얼마나 비루한 인생이냐. 배롱나무꽃이 요염하다. 계절은 그 많은 우려에도 냉정하다. 매미소리 요란하다. 산 위에서 내려다보니 벌써 황금빛 논도 보인다. 분명하다. 벌써 누렇게 익었다. 가을이 왔다. 우리는 잘 익어가는 것일까? 설 익어가는 것일까?

귀뚜라미 소리 은은하다. 아침 일찍 걷는데 이슬이, 이슬이 무거울 정도로 내렸다. 때론 이슬 한 방울이 지구를 기우뚱거리게 만든다. 나락이 팼다. 고구마 줄기는 암세포마냥 퍼져 나간다. 참깨를 베어 묶어논 밭도 있다. 바지게만한 바닥에서 물푸레나무 지팡이로 참깨를 터는 어머니 좁은 어깨가 생각난다. 참기름보다는 들기름을 더 좋아하셨던 어머니. 처음부터 확 끌어당기는 맛보다 씹으면 씹을수록 고소해지는, 뒤로 갈수록 은은하고 깊은 그런 사람 사귀라고 당부하셨던 어머니. 마른 들깨대처럼 말라 돌아가신 어머니. 밤송이는 제법 굵어졌다. 어머니에게 사내자식들은 밤송이 같은 존재였다. 익으면 저절로 떨어지는 것인데 익기도 전에 어머니 뱃속을 찌르고 할퀴고 급기야는 강제로 째고 나왔다. 벌레 먹은 것들. 아무 쓸모가 없다. 다람쥐도 거들떠보지 않는다.

흰 머리가 나기 시작한 아내와 가끔 걷는다. 아내는 산비탈길을 싫어하기 때문에 그냥 소도시 외곽을 한 바퀴 돌기로 했다. 약 10킬로미터 정도 거리인데 평탄한 길이다. 방죽에는 어두워졌는데도 억새가 피었다. 언뜻 보면 눈꽃 뒤집어 쓴 것 같다. 가을 하늘에는 듬성듬성 별이 내걸렸다. 밤 비행기가 인공위성처럼 하늘을 헤엄친다. 어릴 적 저 물고기를 보고 꿈 많이 꿨다. 시내는 매연이 지독하고 지나가는 사람들은 함부로 몸을 부딪친다. 예의가 없다. 인성이 없다. 싸우자고 치면 한도 끝도 없을 것이다. 저런 무지막지가 아직도 통한다. 너무 깔끔한 예의도 사람 숨 막히게 하지만, 저런 막무가내는 치가 떨린다. 이럴 때 늙는다. 혈압 솟구친다. 그저 아내 뒤에 조용조용 따라 걷다가 천장 낮은 술집에서 소주 2병 먹고 들어왔다. 오늘도 잘 참았다고 등 두드려주는 아내. 안해, 안 쪽의 바다.

술 마시는 여자는 아름답지만, 술 취하면 괴로울 때가 있다. 아내가 술 취해 들어오더니 운다. 드문 경우다. 말짱한 정신인 듯, 씻고 '맨 얼굴'로 거울을 보며, "여보, 나 늙었지?" 하면서 운다. 가슴이 찌르르르하다. 마치 회칼로 베인 느낌이다. 아프다. 매우 아프다.

/

숲길을 걸어 산봉우리에 오르면 맨 먼저 엎드려 큰 절을 한다. 어머니를 향해 삼배를 올린다. 산이 어머니고 어머니가 산이다. 이 못난 자식, 못난 발걸음 용서해 달라고 큰 절 올린다. 진즉 이렇게 낮아졌더라면 어머니도 오래오래 사셨을 것이다. 살아 돌아오실 때까지 산이 품어줄 때까지 큰 절 멈출 수 없다. 나는 사람도 아니다.

ⓒ전재원

꿈에 고향이 나타났다. 덕유산과 장안산을 연이어 올랐다. 산은 장대하고 장쾌했다. 웅혼했다. 황소 잔등 같았다. 나 아직까지 이렇게 남성적이고 우람한 산을 본 적이 없다. 산 꼭대기를 넘어 덕산 용소까지 내려갔다. 물빛은 천상천하 가장 깨끗한 비취빛이었다. 어린 아이들과 어울려 고기를 잡고 물놀이를 했다. 강가에는 이름을 알 수 없는 짙붉은 나무열매가 지천이었다. 우리는 막우 막우 따먹었다. 마구마구 처먹어댔다. 꿈에서 깨어나서도 내내 기분이 좋았다. 반드시 돌아가고 말리라.

/

영동 지방에는 폭설이 내렸다는 소식이다. 우수 경칩 지났는데 눈 폭탄 맞았다고 야단이다. 우리 집 보일러 기름통 옆 개나리가 서둘러 피었다. 눈 속에 노랗게 손톱 내밀었다. 매발톱 새싹도 나왔다. 죽은 어미 몸 뚫고 나왔다. 헌 옷 버리고 새 옷 입었다. 죽은 나무껍질을 잘라내고 봄 나무 새움 터 올라온다. 언제든지 죽어야 거듭 태어날 수 있다. 내 고향 산골에는 사월에도 눈이 내렸다. 이번 겨울 내린 눈으로 아버지 산소 더 평평해졌겠다. 더 넓어지셨겠다.

잊지 말자. 이 곱은 손을, 언 길을. 언 길 위를 미끄러지면서 멍들어 걸었던 그 밤을 잊지 말자. 새벽에 도착했던 눈에 덮인 빈집을, 기침 콜록이며 불 때고 있던 어머니를, 어머니의 환영을, 꿈속에서도 잠 못 이루고 기도하고 치성 드리고 있는 어머니를 잊지 말자. 언 몸을 녹이기도 전에 김칫국에 밥을 말아 훌훌 넘기고 차마 떨어지지 않는 발걸음을 돌리는데, 야야, 어쩌됐던 몸조심하거라, 신작로까지 따라 나와서 손사래 치던 어머니를 잊지 말자. 새끼줄로 동여맨 감발 위로 떨어지던 함박눈을 잊지 말자. 그 새벽을 잊지 말자. 초심을 잊지 말자.

나는 쓰는 놈이다

내 문학은 내 삶뿐이다.

/

설거지를 하는데 순간 무엇이 떠올랐다. 나는 단편이다! 거품처럼 하수구 속으로 빠져나가는 마흔 여섯, 나는 단편이다. 나는 반편이다.

지금도 공부할 때면 으레 귓가에 연필을 끼우고 한다. 메모하기가 수월하기 때문이다. 가끔 생각난다. 그때 계속 목수 일을 했더라면 이렇게 고통스런 삶과 글쓰기는 하지 않아도 될 터인데, 후회한 적도 많았다. 그러나 금방 마음을 돌린다. 계속 현장에 남아 일을 했더라면 중병에 걸려 병원 신세를 지고 있을지도 모른다. 그 이유 중 하나는 밑도 끝도 없는 현장 술, 지금까지 마셨다면 속이 다 헐어 구멍이 뚫렸을 거다. 두 번째 이유는 눈치껏 안하고 성질껏 일하기 때문에 몸 어딘가에 고장이 왔을 거다. 그놈의 성질, 대충 대충을 못한다. 무슨 일이든 미쳐서, 온 힘을 다해서, 화풀이하듯 해치우니 주위 사람들이 무서워서 옆에 오지를 않는다. 오죽하면 "어이 유씨, 노가다에서 땀 흘리면 백보지 먹은 시절처럼 삼 년 재수 없디야. 슬슬 허드라고." 하면서 놀려대기도 했다. 그러니 제 명에 살아남겠는가. 허나, 변명치고는 졸렬한 변명이다. 나는 비겁한 한 마리 거머리에 불과하다. 제발, 부탁인데 문학만큼은 일할 때처럼 그렇게 몰아붙였으면 좋겠다.

못을 박지 못하면서 삶이 시들해졌다. 특히 시(詩)가 시들해졌다. 못을 박지 못하면 아내도 시들해지고 문학도 시들해지나보다. 못 박지 못하면 쓰러진다. 태풍에 쓰러진 나무를 보아라. 이 땅에 못 박히지 못하면 죽는다. 못 박지 못하면서 산문(散文)이 많아졌다. 집중이 흐트러진 자리에 구부러진 못 시체들이 즐비하다. 망치 대가리가 벌겋게 녹슬어있다. 녹은 제 살을 파먹고 끝내 제 뼈까지 갉아먹는다. 시(詩)도 누우면 끝장난다. 꼿꼿하게 독이 오른 시(詩), 살아있는 시(詩), 서 있는 시(詩), 삶에 육박하는 시(詩).

ⓒ전재원

돌담이 남아있는 게 신기하다. 같은 담이라도 시멘트 옹벽은 틈이 없다. 꼭 고집불통 사내 같다. 시멘트는 굳는 데 50년, 썩는 데 50년, 겨우 백 년 남짓 버틸 뿐이다. 그러나 우리네 작은 마을을 감싸는 돌담이나 남한산성, 고창의 모양성, 제주도의 현무암 담장, 암사동에 있는 몽촌토성을 보라. 천 년을 가도 만 년을 가도 끄떡없다. 틈이 있기 때문이다. 돌 틈에는 바람을 따라 이사 온 흙알갱이들이 모여 있어 수많은 벌레와, 벌레를 잡아먹는 설치류를 비롯해 달개비와 강아지풀과 같은 온갖 식물들이 함께 산다. 텃새들은 둥지를 틀고 새끼까지 기르고 있지 않은가. 시멘트 옹벽은 죽음이다. 생명이 깃들어 살 수가 없다. 금이 가야 생명이 온다. 문학도 마찬가지다. 돌 틈의 문학, 돌담의 문학, 흙벽의 문학을 하자. 들고 넘나드는 데 아무런 문제가 없는 통 큰 문학을 하자. 돌담은 바람과 햇살과 눈과 비를 모두 통과시킨다. 통과시키면서도 원형은 그대로 보존하는 것! 돌담은 도(道)담이다.

저물녘, 이 작은 도시에도 어둠이 내려앉고 상점마다 불빛이 들어온다. 녹십자 간판처럼 마음이 환하게(몇 번 깜빡거리다가), 파랗게 들어왔으면. 버즘나무잎이 촘촘하게 가로등을 감싸고돌자 나무는 깊은 바다의 해초처럼 흔들린다. 바람은 물결 속 물결이다. 얼마나 깊이 내려왔는가. 귀가 멍멍하다. 그래, 젖었다. 젖은 김에 조금 더 걷자. 젖자. 조금 더 걷는 일이, 조금 젖는 일이 내 문학이다.

/

안개가 천지를 뒤덮을 것 같지만 그리 무서운 존재는 아니다. 햇살이 돋아나면 저절로 물러난다. 걷는 동안 오른쪽 허리 근처에서 허벅지와 장딴지를 거쳐 엄지발가락까지 산란하여 몰려다니던 실치떼들이 사라졌다. 어디로 갔을까? 땀방울 통해 강으로 흘러 먼바다로 헤엄쳐 갔을까? 그리하여 근 2년이 넘게 싸운 병은 거의 나았다. 척추가 똑바로 선 것이다. 건강한 몸으로 숲길을 바라보아도 숲길은 늘 처음처럼 새롭다. 저 길이 나를 낳고 기른 길이다. 저 길이 병을 주었고 약도 주었다. 어찌 섬기고 모시지 않을 수 있으랴. 간밤에 가을비가 또 내렸나 보다. 곧 추운 겨울이 내 삶을 엄습하리라. 병은 스승이고 길은 부모님이다. 다시 길 위에 선 지금, 내 문학은 내 삶이다.

하얀 길, 지쳐서, 혼자 돌아오는 길, 배는 고프고 날은 덥다. 모자를 깊게 눌러쓰고 걷는다. 길가에는 논두렁, 밭두렁을 깎는 사람, 마늘을 캐어 쌓는 사람, 간벌을 하는 일용직 노동자들이 땡볕에 검게 그을린 채로 일을 하고 있다. 목덜미와 겨드랑이와 등에는 유라시아 대륙 같은 땀지도가 번져간다. 나도 한때는 저분들과 똑같은 일을 했다. 그러나 지금은 아니다. 지금은 그저 백면서생에 불과하다. 손이 하얗다. 얼굴도 몸도 하얗다. 어느새 내 한 몸 주체 못해 허덕이는 중년이 되고 말았다. 개 팔자 상팔자라고 했던가. 점심 먹고 나면 주체할 수 없을 정도로 낮잠이 쏟아진다. 그 사이 초록은 짙고, 외로움은 깊어진다. 이것은 사치를 넘어 죄를 짓는 일이다. 무엇이 있어, 내 안에 무엇이 남아 있어 생산에 이바지 할 것인가. 한탄하다 생각느니, 오늘 저녁, 또 누가 있어 한잔 술로 내 시름을 달래줄 것인가. 오로지 문학 하나만을 위해 고군분투해도 어려운 삶이거늘, 그저 술 생각만 간절하구나. 나여, 털 빠지고 눈꼽 낀, 늙은 개새끼여!

가마솥더위에 108배를 한다. 해는 정수리 위에 멈춰 움직일 줄을 모른다. 소설 결말 부분 생각하느라 통 머리가 복잡하다. 안압 상승했다. 오른쪽 눈두덩이 속, 웬 지렁이 한 마리가 꿈틀댄다. 자, 어떡할 테냐. 밥도 네 녀석이 먹고, 똥도 네 녀석이 싼다. 글도 그렇고 삶도 그렇다. 하든지 말든지, 거기에서 결정 난다. 성공한 삶을 살 것인가, 실패한 삶을 살 것인가. 무너질 것인가, 일으켜 세울 것인가. 말해다오, 대답해다오. 나는, 나를 언제 이길 것인가.

/

　새벽에는 숲도 잠드나 보다. 고른 숨소리가 들린다. 사원아파트 늦게까지 켜진 전등도 모두 꺼졌다. 벌레 소리도 없다. 바람 소리도 없다. 개도 짖지 않는다. 멀리서, 아주 멀리서 누가 나를 부르는 소리처럼 자동차 지나가는 소리, 아련하다. 외로움은 내 재산이다. 더욱더 불려 나가자. 새끼이자까지 쳐서, 복리로 벌어들이자. 몸은 부실한데 정신은 또렷해진다. 무슨 조화인가. 나는 오래 헤매였구나. 오래, 돌아다녔구나. 오래, 정신 놓고 살았구나.

ⓒ전재원

나는 쓰는 놈이다. 일하면서도 쓰고, 먹으면서도 쓰고, 싸면서도 쓰고, 잠자면서도 쓴다. 빨래하면서 쓰고, 설거지하면서 쓰고, 장 봐오면서 쓰고, 음식 만들면서 쓴다. 걸으면서도 쓰고, 뛰면서도 쓰고, 수영하면서도 쓴다. 술 마시면서 쓰고, 화를 내면서도 쓰고, 미워하면서도 쓰고, 웃고 울면서도 쓴다. 심지어 그 짓을 하면서도 쓰고, 장례식장에서 분향하면서도 쓴다. 나는 쓰기 위해 먹고, 쓰기 위해 자고, 쓰기 위해 똥 싸고, 쓰기 위해 세상을 읽는다. 나는 쓰디 쓴 놈이다. 소태같은 놈이다.(병원에서도 쓰고, 경찰서에서도 쓰고, 교도소에서도 썼다) 글은 쓰디 쓰면 몸에 좋고, 달고 달면 독이 된다.

쾌청하다. 밤송이가 저절로 벌어져 아람이 떨어진다. 고구마를 캐는 시골 아낙이 보인다. 수숫대와 서숙은 한껏 겸손해졌다. 코스모스는 뭐라 표현하기 어렵다. 십대 소녀 뺨처럼 발그레하다. 매미와 귀뚜라미는 맹렬하게 운다. 끝을 알고 있는 자의 결기가 들어 있다. 절정 다음에는 언제나 무덤이다. '절단이 나야만 절창에 이른다'는 선배 시인의 싯구가 떠오른다. 기필코 나는, 나를 절단내고 말리라.

/

한 사나흘 비가 퍼붓더니 나뭇잎은 벌 서는 아이처럼 고개 수그리고 있다. 비가 무거운 탓이다. 명천 이문구 선생 돌아가시고, 텅 빈 바다, 노을 진 바다 바라보고 〈비가〉를 부르던 이경철 선배 생각이 문득 난다. 술을 먹을 때, 절대로 안주를 먹지 않는 것으로 유명한 선배였다. 늘 한쪽 어깨가 기울어 금방이라도 무너질 것 같은 집 한 채를 짊어지고 걸어가는 선배는, 뒤에서 보기에 위태위태했는데 명천 선생은 갔어도 그의 노래는 남아 있어, 장마철 물결례 같은 존재 하나, 겨우 살아남아 절하고 술 그득 따라 올린다.

어쩌다 보니, 문단 말석에 이름 올린 지도 한 20년 되었다. 이 정도면 문리가 트여야 할 텐데, 가도 가도 첩첩산중이다. 맨 처음 시작처럼 아득하다. 발차기부터 시작한 수영, 그 어렵다는 운동도 한 십 년 했더니 호흡이 트여, 오래 해도 편안하다. 몸이 느끼는 충만도 있다. 그런데 문학은 늘 청년이구나. 늘 소년이구나. 늘 처음이구나. 써도 써도 서툴구나. 써도 써도 실패구나.

/

강물은 얼어붙었다. 얼음장은 회색, 그 위에 눈이 쌓였다. 강 가운데 돌은 좀 더 짙은 회색, 검은색에 가깝다. 그 위에도 눈은 쌓였다. 쌓여 꽁꽁 얼어붙었다. 바람이 내 몸을 또 한 번 관통한다. 새해가 밝았다. 나이를 묻지 않기로 했다. 다시 한 번, 남자는 일로 자신을 증명한다. 달라져야 한다. 똑같은 생활 습관으로는 가망이 없다. 친구나 후배, 선배들은 저만치 앞서 나가고 있다. 헛된 꿈꾸지 마라. 책이 많이 팔려 어쩌구 저쩌구 하는 망상은 당장 찢어버려라. 물 한 방울이 천 년 바위를 뚫는다. 가장 지키기 어려운 약속, 담배는 끊는다, 술은 줄인다, 운동은 꾸준히 한다. 오직 한 길, 쓰는 길, 무조건 간다.

서툰 삶

지은 지 삼십 년 넘은 빈집을 고쳐 들어왔다. 서향이다. 바다를 서쪽에 두고 있는 뼈집이다. 서향집은 사색하는 집이라고 덕담을 한다. 하루 종일 대숲을 어루만지는 바람이 파도소리를 내고 까치와 까투리와 까마귀들이 논다. 더디 오는 아침에는 콩새와 참새가 부지런을 떨고 저녁에는 늦게까지 햇볕이 창문에 머문다.

/

헌 집은 아무리 뜯어 고쳐도 헌 집이다. 외양은 그대로 두고 몸체를 전부 들어내도 헌 집이고 몸체는 그대로 두고 외양을 벗겨내고 새로 칠해도 헌 집이다. 공력은 공력대로 들어가면서 표시는 나지 않는다. 헌 집을 뜯어고치는 일은 새집 짓기보다 훨씬 힘이 든다. 흙먼지 가루가 연기처럼 피어올랐다.

/

빈집 속으로 내가 들어간다.
빈집 속으로 빈집 들어간다.
곁방살이에서 시작한다.
나는 안방까지 무사히 도착할 수 있을까.

탕진하고 말았구나. 밑천 없이 뛰어든 세상 노름판, 밤 꼬박 새우고 새벽 쪽으로 판돈을 걸면 아프지 않은 곳이 없다. 쑤시지 않는 곳이 없다. 몸을 함부로 굴린 탓이다. 소쩍새는 울면서 봄을 키우고 호박은 꽃잎을 닫으면서 가을을 끌어내리고 겨울은 눈이 내릴수록 깊어지고 사람은 우는 만큼 맑고 가벼워진다.

/

모 심기도 전에 개구리 밤새운다. 소쩍새도 박자 맞춘다. 광야에서 사십여 년 헤매인 끝에 고향 쪽으로 시오리쯤 간신히 옮겨 앉았다.

/

참으로 어려운 시절이었다. 언제 어렵지 않은 세월이 있었던가. 가능한 한 시인보다 이름 없는 농사꾼으로 살고 싶었다. 내 힘이 버틸 정도로만 농사를 지어 우리 식구가 먹고 나머지는 주위 사람들과 전부 나누면서 살고 싶었다. 농사를 지은 지 채 일 년이 안 되어 몸부터 결딴났다. 나무는 그림자를 지우면서 자신을 완성한다. 나는 무엇을 지우면서 완성할까.

못 쓸 것이 되어간다. 이제 비행장 전투기 뜨고 내리는 소리도 희미해져간다. 고막이 터졌나, 정말 흐리멍텅해진다. 정화조에서 새어나오는 똥냄새도 아무렇지도 않다. 저것들이 내 삶이었구나. 소음과 악취가 나였구나. 똥통에서, 악다구니 속에서 살았구나. 눈물샘이 마르면서 눈이 흐려지기 시작했다.

/

나이를 먹으면서 외로움은 깊어지는 것. 죽음을 보아도 무덤덤해지는 것. 초등학교 때였나. 동네 대사집에서 처음 돼지 멱을 따는 장면을 보고 며칠을 괴로워했는지. 세월이 흐를수록 더 많은 죽음을 맛볼 것이다. 그것도 아주 가까이에 있는 사람들의 죽음을. 나도 지치고 늙었나 보다. 이제 눈물도 안 나온다.

이렇게 삶이 부실해서야. 이렇게 부실했던가. 이렇게 만만했던가. 내가 변하지 않고 삶이 변화하길 바라는가. 동어반복은 지겹다. 헛된 꿈을 버려야지. 나는 나를 극복할 수 있을까. 이 감옥에서, 이 울타리를 부수고 나는 나를 탈옥시킬 수 있을까. 내 안에서 나를 꺼낼 수 있을까. 어디쯤에서 나는 나를 잡을까. 잡고 단도리해서 절대로 딴 생각 못하게 가다듬어 나아갈 수 있을까. 탄력 받을 수 있을까. 전율에 떨 수 있을까. 그 떨림으로 일상을 꽉 채울 수 있을까. 이 무덤덤한 세월을 충만으로 이끌 수 있을까. 늦가을인데, 올해도 얼마 남지 않았는데 무섭게 나를 몰아세울 수 있을까. 아무 일 없듯 옛날로 돌아갈 수는 없다. 몸을 파는 여자들도 그렇게는 살지 않으리라. 내장을 빨랫줄에 내다 말리는 짓은 두 번 다시 할 수 없다. 통절한 깨달음이 있어야, 안과 밖을 모두 개조하는 죽음을 불사르는 수술이 있어야한다. 나는 물러서고 있다. 앞으로 나아가지 못하고 있다. 뼈저리게 느끼는가. 앞으로 나아가지 못하면 지금 물러서고 있다는 증거다.

망치 잡았던 손으로 삽을 잡는다. 망치 하나로 지상의 무수한 집들을 심어 올렸지만 내 집 한 채 없이 연장가방 달랑 들고 이 빈집으로 들어왔다. 집을 짓는 대신 나무를 심는다. 해체작업 대신 씨앗을 뿌린다. 심는 사람이 거둘 일을 생각하겠는가. 심는 자는 오직 심고 가꿀 뿐, 거두는 자가 누구인들 상관없다. 망치 잡았던 손으로 삽을 쥐고 나무를 심는다. 지상에서 절대로 무너지지 않을 단단한 집 한 채를 심는다.

/

물이 따라온다. 웅덩이에 비친 어떤 한 사람의 생애가 따라온다. 오래된 방죽 같다. 방천난 논둑 같다. 멈칫 뒤돌아본다. 사라진다. 물이 따라온다.

/

사람이란 얼마나 독한 짐승이냐. 사람이 다닌 길에는 잡초 한 포기 제대로 자라지 못한다. 그러니 풀 한 포기를 죽일 수도 살릴 수도 있는 존재가 사람이다. 독하면서도 슬픈 짐승, 죽이는 것보다 살리는 동물이 되자.

우리는 잊혀진다는 데 일종의 공포를 가지고 있다. 그러나 사람들은 어떤 형식으로든 잊히게 되어있다. 잊힌다는 것에 초연할 수는 없지만 대범하게 대처해야 한다. 우리 용감하게 잊히자. 가서 돌아오지 말자.

/

땀을 흘리면서 나쁜 피가, 내 몸에 들어있는 독이 모두 빠져나가기를 바랐다. 엎드려 울면서 내 몸에 남아있는 한이 전부 빠지기를 기다렸다. 부드러워지기를 바랐다. 따뜻해지기를 바랐다. 독이 몽땅 빠진 자리에서 다시 시작하고 싶었다. 다시 살고 싶었다. 살모사는 독이 빠져나가면 죽는다. 나무도 뿌리가 뽑혀 수액이 모두 빠져나가면 말라죽는다. 독 하나로 버텨왔는데, 독기 하나로 견뎌왔는데, 독을 더 쟁여야 하나 탈진할 때까지 빼내야 하나. 밤을 새워 우는 저 벌레도 울음이 그치면 사라지리라. 저 푸른 나무에 독을 얼마나 빨아 마셨는가. 몸의 독이 빠지면서, 푸른 아카시아 가시 같은 독이 불쑥 솟아오른다. 새벽바다는 뭍에 상륙하자마자 푸른 피를 쏟으며 속절없이 쓰러진다. 쓰러지면서 쌓아올린 사리들의 푸른 무덤.

ⓒ김기돈

하늘을 나는 저 새는 아무 소리가 없다. 표시가 없다. 흔적이 없다. 똑같이 하늘을 나는 비행기는 소리가 요란하다. 전투적이다. 거드름을 피운다. 왜일까? 무겁기 때문이다. 제 몸이 무거우니 날기 어렵다고, 날아오르기가 버겁다고 꽥꽥 소리를 질러대는 것이다. 비행기는 돼지다. 다시 한 번, 비행기는 돼지다. 비행기는 목을 따서 금방 숨이 넘어가면서도 고래고래 소리를 지르는 살찐 돼지다. 자기 몸을 주체할 수 없어 결국 자기 몸에 덮여 익사하는 돼지, 비행기. 비행기 똥주바리가 밀가루 반죽처럼 빈 하늘에 퍼진다. 오월은 푸르구나, 속절없이 늙어간다.

죽는다는 것은 잠자는 자세에 변화가 없다는 뜻이다. 이곳으로 이사 오고 난 뒤부터 줄기차게 걷는 코스는 대략 세 가지 방향이 있는데 새로 지은 하수종말처리장이 보이는, 〈포장 끝〉이라는 표지판이 서있는 도로까지 걸어서, 첫 번째는 공군 비행장 철조망이 코앞에 보이는 해미천 다리까지 가서 되돌아오기, 두 번째는 서산 시민의 오, 폐수가 몽땅 섞여 내려오는 양대천 다리까지 가서 되돌아오기, 세 번째는 시립 공동묘지 밑에 있는 외딴집 대문 앞까지 갔다가 되돌아오기인데 공통점은 〈포장 끝〉이라는 표지판에서 이 모든 코스를 거치게 되어 있다는 말씀. 그 도로 가에 이른봄부터 야생 고양이가 한 마리 죽어있다. 뻗어 있었다. 약을 먹었나? 차에 치었나? 겉은 멀쩡하다. 처음에는 누군가 밭둑쯤 멀찍이 던져버렸는데 어느 날엔가 도로 가에 다시 굴러 내려왔다. 털빛에는 변화가 없어 처음 한두 달은 누워 잠자는 모습이었다. 차츰 시간이 흘러 비가 몇 번 내리고 가뭄 끝에 황사바람이 지나가자 털이 추레해지고 몸이 홀쭉하니 볼품이 없어졌다. 정말 죽은 것이다. 그러나 단 하나 변하지 않은 모습이 있었으니 누워있는 자세다. 모로 누운 자세인데 앞다리 중에 한쪽은 구부리고 나머지 한쪽 다리는 볼을 괸 듯하고 뒷다리는 약간 꺾어 뻗어있는데 술에 잔뜩 취한 사람이 자는 모습이다. 깊은 잠이다. 업어 가도 모르겠다. 송곳으로 찔러도 꿈쩍 않겠다. 바람이 불면 털은 얼마나 섬세하게 흔들리는지 세상에 있는 모든 평화가 저 고양이 몸에 깃들어 있지 않을까 할 정도이다. 그러나 고양이는 죽었다. 자세에 변화가 없는 것이다. 엎치락 뒤치락이 없는 것이다. 살아있는 생명들은 모두 꿈틀거린다. 똑같은 자세가 없다. 저 자세로 굳어있는 한 차츰 털이 빠지고 내장이 썩어 문드러지고 끝내는 살과 뼈까지 벌레들이 분해 청소하여 한 점 먼지로 사라질 것이다. 흔적도 없을 것이다. 몇 달 째 나는 고양이를 멀찍이 두고 돌아다녔다. 정면으로 보기가 겁이 났다. 혹 고양이 깊은 잠을 깨울까 봐 조심하기도 했다. 모골이 송연하다는 말이 어떤 말인지 잘 모르겠지만 홀쭉해진(눈알이 빠졌는지도 모른다) 고양이 몸피를 볼 때마다 그 말이 떠올랐다. 죽음을 정면으로 보지 못하면 삶도 정면으로 보지 못한다.

지난해 심었던 고춧대를 뽑는다. 죽어서도 쓰러지지 않고 꼿꼿하게 서서 버티는 고추, 고산지대에 살아 천 년 죽어 천 년 주목 닮았다. 희디흰 백발의 고추뼈를 뽑고 비닐을 걷었다. 오랜만에 하는 일이라 허리가 끊어질듯 아팠다. 심지 않은 곳에 거둘 일이 어디 있겠는가. 단 한 뙈기라도 땅이 있으면 뿌리고 심고 가꾸고 거름 주어 거두는 일이 사람살이의 당연한 이치 아니겠는가. 그러니 뻣뻣하게 서 있는 놈들은 땅하고는 아예 상관없는 족속들이 틀림없을 게다. 땅 닮은 생명들은 모두 구부정하다. 산이 그렇고 물이 그렇고 농사꾼들이 그렇다. 땅에 가까울수록 구부러져 있다. 그만큼 낮게 자신을 낮추고 겸손해 한다. 무릇 모든 생명들은 하늘을 지향하되 땅의 마음, 어머니 마음이시다.

병은 사람의 몸 안에 들어온 다음에야 깨닫는 법, 그러니 인간이란 축생들은 후회와 반성의 자식들이 아니던가? 병은 사람을 가르친다고 했다. 늘 그렇게 한 발자국씩 늦게야 알아듣느니, 병은 스승이다. 병은 우선 낫고자 하는 의지가 무엇보다 중요하단다. 저 길에게 약속한다. 소나무에게 전봇대에게 약속한다, 모시고 살 것이라고, 극진히 대접할 것이라고, 저 썩을 대로 썩은 강물에게 맹세한다. 저 콩꽃에게, 참깨에게, 고추에게, 생강에게, 개망초에게, 쑥부쟁이에게, 아카시아에게, 저 잠자리에게, 까치에게, 멧비둘기에게 약속한다. 저 미꾸라지에게, 나를 물어뜯는 모기에게, 사마귀에게, 배를 벌렁 뒤집고 죽은 개구리에게 약속한다. 너희들을 저버리지 않겠다. 직각에 가까이 허리가 굽어도 일손을 놓지 않는 파파 할머니에게, 농약 주느라 정신이 없는 중늙은이 농사꾼에게, 나만큼이나 척추가 휜 그 옆의 아줌마에게 약속한다. 나는 나을 수 있다. 길이 나를 저버리지 않는 한 이 스승을 끝까지 모시고 살 것이다.

먹는 음식이 사람 생김새를 결정한다. 고구마를 먹으면 고구마를 닮고 감자를 먹으면 감자를 닮고 강냉이를 먹으면 강냉이를 닮고 풀을 먹으면 풀을 닮는다. 나를 키운 건 팥 할이 쑥이고 무고 고구마고 감자다. 음식이 그 사람의 성품을 결정한다.

/

그랬지. 먹어도 먹어도 배고픈 시절이 있었지. 달을 베어 먹고 해를 구워먹어도 배고픈 시절이 있었지. 시장 노점에서 버린 썩은 자두와 복숭아를 주워 먹은 시절도 있었지. 소나무는 바위를 즐겨 먹는다.

/

세월을 시멘트 반죽할 수도 없고 세월을 철사 줄로 잡아맬 수도 없고 해와 달을 냉동고에 넣을 수도 없으니, 길이 무섭다. 낯익은 길이 무섭다. 소주 이 홉이 가장 무섭다. 저건 밑 빠진 독이 아니고 밑 없는 독이다. 세상에서 가장 무서운 세월이라는 독이다.

노가다에서 성질 껏 일을 하면, 최소한 닷새 일하고 하루 정도는 쉬어야한다. 그런데 노가다에서 땀을 흘리면 삼대가 빌어먹는다는 말이 있다. 웃기는 얘기다. 나는 일을 하면서 여태까지 땀을 흘리지 않은 적이 없다. 목욕을 땀으로 대신 한 적이 수도 없이 많았다.

/

손이 작아 기석이네 매형이 운영하던 고무공장에서 퇴짜 맞았던 그 해, 텅 빈 고향집에 돌아와 넋을 잃고 바라봤던 감나무, 오동나무 잎사귀들의 어두움. 그 밝은 고요함 속에 소름끼치게 고여 있던 푸르름들.

/

사람의 마을에서 멀리 떨어져 홀로 있으면 내 마음 속에 내가 득시글득시글 거린다. 내 속의 내가 할 말이 엄청 많은 모양이다.

광주 망월동 국립묘지를 다녀왔다. 다섯 번째다. 이번에는 아내와 아이도 함께 갔다. 동영상을 본 아이는 울었다. 무섭다고 울었다. 이십 년이 지났는데도 그 냄새는 그대로 풍겼다. 태극기로 덮고 흙을 덮고 뗏장을 심었는데도 그 위로 비와 눈이 내리고 바람이 이십 년이 넘게 불었는데도 그 냄새는 그대로 났다. 꽃은 또 얼마나 피었다가 졌는지 해와 달은 얼마나 떠오르고 졌는지 피비린내는 그대로 살아있었다. 편하게 죽음을 맞이하고 싶다는 욕망은 사치다.

/

내가 어렸을 때 가장 미워했던 사람은? 술 많이 먹는 사람, 배나온 사람, 자면서 입을 벌리고 침을 흘리는 사람. 내가 나를 가장 미워했구나. 몸이 아프면 글도 나오지 않는다. 다리가 없으면서 천 개의 발을 가진 뱀 같은 내 인생. 내 눈이 더 흐려지기 전에 마음을 쓸자. 타작 끝난 안마당 싸리비로 쓸어내듯. 절 마당의 싸리비 자국처럼 살자. 사람이 먹는 만큼 짐승도 깨끗하게 먹이고 거름이 되자. 가을바람에 떨어지는 감잎처럼 살자.

나는 악에 받친 사람이다. 제발 시비를 걸어 달라. 내 온몸은 분노의 핏줄로 탱탱하다. 많은 날들을 참고 살았다. 공손하고 예의바른 사람을 보면 그 사람 마음속에 들끓고 있는 폭력과 광기가 확연하게 보인다.

/

남을 배려한다는 마음은 나를 배려하는 마음이다. 이렇게 작은 마음 씀씀이가 사람과 사람 사이의 간격을 좁힌다. 사람들은 대부분 건너와 주길 바란다. 먼저 건너 주고 먼저 건너가 주고 먼저 손잡아주기. 사랑은 퍼내어 쓸수록 많이 고인다. 지치는 법이 없다. 많이 아프다. 욕망이 수그러들지 않은 탓이다. 캄캄하다. 캄캄하다. 바람 거세다. 병이 온 다음에야 도착하는구나, 당도하는구나. 마음에 독을 품지 말자. 독은 네 몸부터 갉아먹을 테니, 깨달음은 언제든지 늦게 도착하는 것이니.

솔직하게 고백하자면 도저히 똥 냄새를 맡을 수가 없다. 세상 하수구를 통과하면서 시궁창 냄새에는 어지간히 길들여졌지만, 정화조를 밥상 삼아 밥을 먹고 잠을 자고 공부를 하다니, 이건 참을 수가 없다. 몸속에 똑같이 똥을 담고 있지만 대부분 똥만도 못한 인간들이 더 많은 세상에서, 이건 참을 수가 없다.

/

과거에 발목 잡히면 꼼짝 못한다. 그러나 어려웠을 때를 잊으면 안 된다. 어려웠을 때 큰 힘이 되어준 사람을 잊으면 짐승이다.

/

오늘 잘 살았는가? 묻지 않을 수 없나니, 부끄러움은 없었는가. 자신을 속이지 않았는가. 불규칙적으로 철썩이는 파도에게, 파도소리를 흉내 내는 대숲에게 물어본다. 조용히 물어본다.

별빛이 아무리 고개를 숙여도 들어올 수 없는 곳, 오직 생식기관만 발달한 자웅동체동물처럼, 눈을 뜨고도 볼 수 없는, 배를 발가락 삼아 세상 마룻바닥을 긴다. 꿈지락꿈지락. 밖에 있으면서도 안을 간직하는 거. 밖에서도 마음속에 감옥 한 채를 들여놓는 자, 그 사람은 자유인이리라. 마음의 감옥으로 몸의 감옥을 깨부수는 것!

/

푸르름이 절정으로 치닫고 있다. 이젠, 정말, 설거지하기 싫은 나이가 되어버렸다. 빨래도 그렇고 조리는 더더욱 하기 싫다. 한 삼일 밀린 설거지를 간신히 하고 쓰레기를 내다버린다. 모든 일이 심드렁하고 귀찮은 나이가 되어버렸다. 겨우 찬물에 식은 밥 말아 입에 풀칠하는 수준이다. 그러나 이상하게도 책에 대한 욕심은 줄지 않는다. 하루 종일 책을 읽고 잠을 청해도 또 읽고 싶은 마음에 부스스 일어난다. 읽는 거 보다는 쓰는 게 중요한데 걱정이다. 아이가 집에 오는 순간, 집은 잠시 반짝 빛나다가, 아이가 가고 나면 바로 적막이다. 어둠침침하다. 휑뎅그레 빈 집을 못 견뎌 일요일 오후면 습관처럼 마신다. 중증 알콜의존증 환자가 여기 있다.

드디어 쉰을 넘었다. 가만있어도 쉰내가 난다. 해물육수 내어 미역국 끓인다. 내쳐 혼자 먹어댄다. 어머니, 이 못난 놈 낳으려고 얼마나 아팠습니까? 얼마나 고통스러워했습니까? 저 하늘 호숫가 구석진 자리 어머니 무덤가엔 삘기가 피었겠지요. 저 어렸을 적 참 많이도 뽑아 먹었던 삘기, 어느덧 제 머리 위로 허옇게 피었습니다. 굶지 말라고 보리누름에 날 낳으시고 버찌와 오디와 산딸기와 감자 맛을 듬뿍 선사하신 어머니, 오늘 바람 불고 도시 어느 쪽에선 게릴라성 폭우가 쏟아졌다고 합니다. 일찍 장마가 오면 쌓아둔 보리노적거리가 썩어 움벼 돋듯 보리 싹이 나오면 제 성질에 못 이겨 무딘 조선낫으로 허공을 베어 핏빛노을을 만들던 아부지의 거친 팔뚝이 보입니다. 마당에 내동댕이친 수제비 사발이 보입니다. 흙속으로 스며들던 뜨건 어머니 눈물도 보입니다. 꼬챙이에 찔려 꿈틀거리는 벌레처럼 벌벌 떠는 자식들도 보입니다.

ⓒ전재원

일요일 낮. 오랜만에 후배에게서 전화가 왔다. 혼자 술 먹고 있다고 한다. 사람이 없다고 운다. 후배는 부잣집 아들이고, 전망 좋은 바닷가에 어마어마하게 넓은 땅을 가지고 있다. 그런데도 주위에 아무도 없다고 운다. 그것은 남 탓이 아니다. 자기 탓이다. 여기까지 그려온 족적이 그렇게 만들었다. 슬프고, 또 생각하면 생각할수록 화도 나겠지. 그러나 온전히 혼자 감당해야 한다. 이 세상에 나온 것도 혼자였고, 이 세상을 하직하는 것도 혼자다. 하긴 달고 나온 게 울음밖에 더 있겠느냐. 어디선가, 읽은 적이 있다. 기쁨을 준 존재가 곧 슬픔을 준다는 사실. 그것이 욕심이든, 집착이든, 돈이든, 권력이든, 사랑이든 간에 울 수 있는 만큼, 운만큼 우리는 살아 있다. 비가 개이듯, 일요일 오후가 소슬하게 지나가듯, 우리네 인생은 그렇게 다, 지나간다.

어두워지면 가로등 한꺼번에 들어오듯, 달맞이꽃이 피었다. 사랑하는 사람이나 친구의 배신을 섭섭하게 생각마라. 원래 배신이란 없는 것이다. 세상에 영원한 것이 어디 있겠느냐. 물 흐르듯 인연에 따라 흘러가는 것이고, 돌에 채여, 수초에 걸려, 나무뿌리 속으로 모래나 낙엽 속으로 새의 깃털 속으로 뿔뿔이 흩어질 뿐이다. 가없는 허허바다로 스며들 뿐이다. 수평의 눈으로 보면 배신은 없다. 다만 자기 자신, 믿는 마음이 부족할 때 생기는 어리석은 병일뿐이다. 쓸쓸하지만 어쩔 수 없다. 원래 인생이라는 게 쓸쓸한 거다. 마음의 흐름을 그대로 따를 것! 흘러가는 대로 그대로 둘 것!

/

건강을 따르자니 문학이 울고 술을 따르자니 돈이 울고 돈을 따르자니 사람이 울고 사람을 따르자니 피곤이 울고 아내를 따르자니 짜증이 나고 여우를 피하자니 늑대가 나타나고 태풍을 피하자니 가뭄이 나타나고.

세상에 나가지 말아야 한다. 세상은 더러운 거다. 물론 내가 더러워서 그런 거다. 하지만 이제 세상과 타협하기 싫다. 더러운 꼴 보기 싫다. 하고 싶지 않은 일 안할 테다. 사람들과 부딪치기 싫다. 싸우기 싫다. 나가면 도처에 불화다. 나는 원래 그렇게 생겨먹은 인간이다. 무인도에서 살던지, 산속에 토굴 파고 들어앉아야 제격이다. 세상 한복판에서 혼자 상처 몽땅 끌어안고 저 지랄을 떨고 발광을 하고 있다니, 낚싯바늘에 꿰인 갯지렁이처럼 빠져나가려 발버둥 칠수록 꼬이게 되는…. 대저 큰 사람은 저자에 숨고 소인은 산속으로 숨는다는데…, 지극한 경지에 이르르면 담박해진다는데…, 나는 멀어도 한참 멀었다.

이제 술만 먹으면 무언가 하나씩 잃어버린다.

가방을 잃어버리고
지갑을 잃어버리고
신발을 잃어버리고
휴대폰을 잃어버리고
자동차 키를 잃어버리고

그러다가
그러다가

끝내 나를 잃어버리는 건 아닐까
아내와 아이를 잃어버리는 건 아닐까

집으로 돌아오는 길도 잃어버리고
저승으로 가는 길도 잃어버린다면

도대체 나는 어디에서 나를 찾을까

어느덧 쉰이 넘었다. 가만 앉아 있어도 쉰내 폴폴 난다. 닦아도 닦아도 구린내가 난다. 이런 어처구니가 가증스럽게도 점잖게 차려입고 문학이 어떻네, 인생이 어떻네 씨 왈거리기도 한다. 저 침버캐 튀기는 주둥아리를 짓찧고 싶다. 썩으면서도 아름다운 냄새를 풍기는 게 얼마나 많은가. 잘 썩어서 사라지는 게 얼마나 아름다운가. 마음을 닦아도, 몸을 닦아도 여지없이 쉰내가 난다. 이 똥내가 난다. 이 치사하고 비루먹은 중년의 개 한 마리!

/

삼우제 지내는 날은 봄비 내린다. 가는 비, 누른 해, 신입생 봉분에는, 일 톤 트럭이 서 있고 가족인 듯 몇 사람이 고인의 유품(이라고 생각한다)을 태우고 있다. 가는 빗속에서 하얀 연기가 이승에서 마지막 손길인 듯 애타게 허공을 휘젓는다. 상주들이 흘린 눈물에 강물은 또 불어나리라. 그득 불어나서 강기슭, 나무뿌리를 핥아 대리라. 이제 막 전입신고 마친 무덤이 비바람과 눈보라에 씻겨 평평해지려면, 이 숲 속 정회원이 되어 행세하려면, 얼마나 많은 세월이 흘러야 할까. 얼마나 많은 강물이 흘러야 할까.

화가 석창우는 평범한 전기회사 직원이었다. 일을 하다 2만 볼트가 넘는 전기에 감전되어 두 팔을 잃었다. 남도움 없으면 먹을 수도 마실 수도 쌀 수도 입을 수도 벗을 수도 없었다. 철없는 네 살짜리 아이가 그림을 그려달라고 했을 때 그는 절망했다. 그는 그렸다. 아들을 위해 죽기 살기로 그렸다. 제2의 인생을 살기로 작정했다. 스승을 만났다. 서예를 배웠다. 다행히 발가락은 멀쩡했다. 누드 크로키를 배웠다. 문자 추상을 배웠다. 그는 멀쩡한 사람 열 배, 스무 배, 서른 배 더 노력했다. 그는 우뚝 섰다. 자신과 싸우는 전투에서 승리했다. 이겼다. 이겨냈다. 남자는 일로써 자신을 증명한다. 사지 멀쩡한 나는 무엇을 두려워하는가. 무엇으로 나를 증명할 것인가.

허긴, 나이만 한 스승이 어디 있으랴만, 나이 처먹은(허긴, 처먹어댄 것만 따진다면, 저 짚은 골 논과 밭 다 갈아 엎은 우리 동네 소보다도 많이 처먹긴 처먹어 댔을 거구만), 까놓고 말해, 추하게 늙은, 괜히 허풍만 떨어대는 가랑잎 같은 존재로 떨어진 게 아니냐? 불안에 떨고 있군. 뭐, 추위에 떨고 있는 건 절대 아니라고? 흐흐, 어디에도 뿌리내리지 못하는 부평초 같은 모습이 불쌍해 떨어댔다고? 나약하고, 사악하고, 비겁하고, 이제 눈치까지 보는, 야생의 번뜩이는 눈빛을 잃어버린, 병든 짐승에 불과한 게, 뭐가 어떻다구? 한 때 머리카락을 뽑아 갖다 대면, 마술처럼 잘려나가는 회칼 같은 의식이…. 있었긴, 있었다구? 푸풋, 무너질 때로 무너진, 무뎌질 대로 무뎌진, 숫돌에 핏자국 지워진 지가 언제인데, 저런, 비루먹은 개 같은 게, 아직 살아있다고, 숨 붙어 있다고 쉑쉑거리는 꼴이라니, 이런, 우라질, 브라질, 삿대질, 아프리카 콩고, 잠비아, 예멘, 아니, 아멘…….

다리를 건널 때마다, 이쪽과 저쪽에 대해 생각한다. 내가 건넌 이쪽 세계는 피안이고 건너기 직전 저쪽 세계는 아수라인가. 다리 하나를 사이에 두고 죽을 때까지 서로 마주보고 있으면서도 손 한 번 잡을 수 없는 자작나무는 무엇인가. 누가 움직여주지 않으면, 대폭발이 일어나 이 지구라는 별이 사라지기 전까지, 저쪽에 누워있는 돌에게 한 발자국도 움직이지 못하는 돌부처는 무엇인가. 슬픈 두 다리를 안고 태어나, 이쪽저쪽 가리지 않고 건너다니는 꼬락서니는, 저 은하수 앞에서 도대체 무엇인가. 강물 앞에서 바람 앞에서 구름 앞에서 나는 도대체 무슨 짐승인가.

비산비야, 작은 저수지를 끼고 동네 한 바퀴를 돈다. 수영금지 방죽에서는 중년 사내 하나 낚싯대를 드리우고 있다. 묻혀 있어 하나의 풍경되었다. 추억인 듯 라디오 소리가 낮게 들린다. 살굿빛 노을이 졌다. 수초 사이로 오리 가족, 잔잔한 파문을 그리며 집으로 돌아간다. 하루살이들은 코와 입으로 마구 달려든다. 한 바퀴 도는 데 두 시간이 넘게 걸렸다. 해바라기가 고개를 숙이고 귀뚜라미가 울고 달은 조금씩 이지러졌다. 저 달빛 받고 곡식은 익어 가리라. 호박은 똬리 틀고 자세 잡았다. 계절이 한번 바뀌면 한 소식 얻을 자세다. 나도 언젠가는 누렇게 익어, 누렇게 늙어, 누렇게 농사지어, 그대에게 보따리 보따리 싸서 보내리라. 소신공양하리라.

해를 넘기면 쉰둘이다. 아아, 어쩌다가 부지하세월 보내고 말았던가. 이 나이는 만만치 않다. 이 나이는 뭐든 시작하기엔 늦거나, 늦지 않은 나이다. 더 이상 미룰 수 없는 나이다. 핑계를 댈 수 없다. 누굴 탓할 수도 없다. 책임져야 한다. 한 번 쓰러지면 다시 일어설 수 없는 나이에 이르렀다. 젊었을 때는 무수하게 터지고 깨지면서도, 금방 일어났다. 그 때는 그랬다. 결혼도 했고 아이를 낳았다. 죽어라 일 하고, 읽고, 쓰고 또 일했다. 조금씩 결과물이 나오기 시작했다. 상도 받고 각종 매스컴 주목도 받았다. 우쭐했다. 철저하게 나가지 못했다. 이제는 빼도 박도 못하는 지경에 이르렀다. 뒤돌아볼 여력이 없다. 세상에서 가장 무서운 일이 뒤돌아보는 일이다. 다만, 한 글자라도, 한 문장이라도 앞으로 나가야 한다. 눈보라 뚫고 걸어야 한다. 얼음장 뚫고 흘러야 한다.

/

길에 탕진하고 말았다. 끊임없이 소비했다. 오늘은 과속 딱지가 날아오고 내일은 노화 딱지가 날아올 것이다. 아아, 이제 세월 흐르는 것이 눈에 보인다. 복부비만의 날들이여, 눈 먼, 청맹과니의 날들이여! 발가락 붉은 작은 새는 어디에서 잠자는가. 발이 시릴 때, 누가 이불 끌어다 덮어 주는가.

ⓒ김기돈

최고의 날들이 지나간다. 아주 보송보송한 공기가 세상을 감싼다. 이불 빨래하기 최적이다. 고구마는 북돋아준 두렁을 찢을 정도로 크고 나락이 익고 수숫대가 고개를 숙이고 들깨는 쌀밥처럼 하얀 꽃을 떨어뜨린다. 콩꽃은 어쩌면 그렇게 수줍게 매달려 있는지 처음으로 눈부시게 피어난 억새 무리를 보았다. 저것들은 지상과 하늘을 연결하는 송수신기다. 김수환 추기경이 선종했다. 최진실이 자살했다. 노무현 대통령은 절벽에서 직선으로 뛰어내렸다. 곡선을 모르는 불같은 성정이 파아란 불꽃을 피웠다. 김대중 대통령도 돌아가셨다. 에드워드 케네디도 뒤를 따랐다. 분명한 사실은 나도 죽는다는 것. 언젠가는 내 옆에서 가늘게 코를 골고 자는 아내도 저 세상으로 갈 것이고, 항상 품에서 빠져나가려고 기를 쓰는 딸아이도 이 세상 사람이 아닌 날이 올 것이다. 자, 그럼 무엇을 더 아낄 것이냐. 억새가 손짓하면 언제라도 떠날 준비가 되어 있느냐.

우리가 투표해서 두 번째로 성공한 대통령이 돌아가셨다. 그날은 조카아이 결혼식 때문에 운전중이었다. 절벽에서 뛰어내렸다고 한다. 숲이 곤두박질친 거다. 나무가 거꾸로 선 거다. 우리 식구들은 추모식에 가서 분향도 하고 나는 추모시도 썼다. 나 말고도 많은 사람이 썼지만 피할 수 없었다. 직진으로 내달렸던 삶이 무엇보다 마음에 들었다. 가장 아버지답게 돌아가셨다. 다 짊어진 거다. 책임진 거다. 얼마나 아름다운가? 구질구질 남에게 떠넘기고 비루하게 살아남은 사람들에게 본보기를 보여줬다. 아내는 내내 울었다. 나는 내내 술을 퍼마셨다. 나는 죄의식이 하나도 없는 사람처럼 굴었다. 국장 기간 내내, 아무 것도 하지 않고 술만 퍼먹었다. 그, 잘난, 추모시 하나 써놓고, 무슨, 대단한 일이라도 한 양, 영혼을 팔고, 몸을 팔고, 술을 먹었다. 탕아처럼 굴었다. 숲은 대낮인데도 어두웠다. 촛불인 듯 꽃이 퍼져간다. 산비둘기 구슬피 울음 운다. 저 나팔수들은 슬픔을 딛고 다시 일상으로 복귀하자고 한다. 슬픔은 딛고 일어서는 게 아니라, 퍼지면서 낮아지고, 낮아지면서 스며드는 것이다.

익숙한 죽음이란 어디에도 없다. 늘 이렇게 우리는 서투르다. 길 잃은 아이들처럼 삶 앞에 어리둥절할 뿐이다. 너무나 푸르러서 푸르러서 좋은 날, 젊은 육신을 바다에 뿌리고 왔다. 태어난 곳으로 다시 돌려주고 왔다. 누구든지 그곳으로 돌아간다. 그곳으로 돌아가기 전까지는 아름답고 깨끗하게 삶을 경영해야 하리라. 사람은 가도 그의 천품은 남는다.

/

응달쪽에는 칡넝쿨과 다래넝쿨이 무성하다. 특히 칡넝쿨은 무섭다. 여간해서 죽지 않는다. 잘라내고 잘라내도 싹이 트고 줄기가 무섭게 뻗어나간다. 한 번 휘감긴 나무는 영락없이 죽는다. 힘 한 번 쓰지 못한다. 그물에 걸린 물고기 신세다. 저것이 인맥이다. 학연, 지연, 혈연이다. 동창회다. 계모임이다. 동문회다. 각종 동호회다. 향우회다. 전우회다. 저 인연을 끊어내지 못하면 결국 질식해서 죽고 만다. 오늘도 소외당하기 싫어 이쪽저쪽 기웃거리는 사람들아, 넝쿨을 잘라내지 못하면 홀로 설 수 없다. 외로움을 참아내지 못하면 독야청청할 수 없다.

ⓒ전재원

가령 이런 마을을 꿈꾸어 본다. 뒷산 그렇게 높진 않지만 위엄이 있고, 개울이 흘러 저 멀리 강이 보이는, 서남향이라 햇볕이 오래 오래 머무는, 감나무에는 홍시들이 주렁주렁 매달려 온갖 새의 먹잇감이 되어주는 그런 마을. 사철 물 흐르는 소리가 들리고 여울목에는 구름 한 자락 떠 있는, 동네 가운데쯤 디딜방아가 다소곳한, 키 큰 시누대가 휘파람을 부는 그런 동네를 그려본다. 처마 낮은 집 집마다, 그 주인 닮은 개들이 꼬리만 흔들 뿐, 짖지 않은 동네, 견성한 개들이 탁발 나온 스님들과 막걸리 잔을 돌리는 동구 밖, 두 사람 이상만 모여도 서로의 눈망울 속에서 산새 소리, 바람 소리, 개울물 소리를 읽을 수 있는 동네. 따스한 햇볕을 닮아, 뜨내기가 마당에 어슬렁대도 누구 하나 큰소리치지 않는 수더분한 동네. 소리칠 줄 알지만, 문고리를 안으로 잡아 당겨, 자기 목소리를 안으로 쇳대 채워, 자신을 먼저 들여다보고 짖을 줄 아는 그런 동네, 그런 주인, 그런 나라에서 산다면 우리는 지금보다 훨씬 더 그렁그렁해질 것이다. 말랑말랑해질 것이다.